D1854282

Dr. Susanne Marx

Das große Buch der Affirmationen

Für alle Lebenslagen:
Gesundheit – Selbstwert – Partnerschaft – Familie – Freundschaft – Kreativität – Beruf – Finanzen – Verlust – Trauer – Spiritualität

Mit den neuesten wissenschaftlichen Erkenntnissen

VAK

VAK Verlags GmbH
Kirchzarten bei Freiburg

Vorbemerkung des Verlags
Dieses Buch dient der Information über Methoden der Gesundheitsvorsorge und Selbsthilfe. Wer die in diesem Buch beschriebene Methode anwendet, tut dies in eigener Verantwortung. Autorin und Verlag beabsichtigen keinesfalls, Diagnosen zu stellen oder Therapieempfehlungen zu geben. Die hier beschriebenen Verfahren sind nicht als Ersatz für professionelle medizinische Behandlung bei gesundheitlichen Beschwerden zu verstehen.

Bibliografische Information der Deutschen Bibliothek
Die Deutsche Bibliothek verzeichnet diese Publikation in der Deutschen Nationalbibliografie; detaillierte bibliografische Daten sind im Internet über http://dnb.ddb.de abrufbar.

VAK Verlags GmbH
Eschbachstraße 5
79199 Kirchzarten
Deutschland
www.vakverlag.de

2. Auflage 2009

© VAK Verlags GmbH, Kirchzarten bei Freiburg 2009
Lektorat: Nadine Weber, VAK
Umschlaggestaltung: Hugo Waschkowski, Freiburg
Layout: Karl-Heinz Mundinger, VAK
Druck und Bindung: Kösel, Krugzell
Printed in Germany
ISBN: 978-3-86731-051-2

Inhalt

Teil II

Zu diesem Buch

Haben Sie schon einmal versucht, irgendetwas an Ihnen oder Ihrem Leben zu verändern? Wenn es Ihnen so ergangen ist wie den meisten Menschen, dann werden Sie festgestellt haben, wie merkwürdig schwer das ist. Merkwürdig deshalb, weil Sie wahrscheinlich *wirklich* aufhören wollten, zu rauchen oder zu viel zu essen. Wir haben doch einen freien Willen, warum klappt es dann so oft nicht? Warum ist es so schwer, eine innere Einstellung, Verhaltensweise oder körperliche Gewohnheit zu verändern, auch wenn wir ganz genau wissen, dass sie uns nicht gut tut?

Dass es so ist, ist beruflich und privat auch für mich seit vielen Jahren Teil meiner Lebenserfahrung, aber mich hat immer sehr interessiert, *warum* das so ist. Welche Mechanismen und Wirkungsweisen stecken dahinter und – ganz wichtig – wie kann ich diese Mechanismen so einsetzen, dass eine Veränderung funktioniert?

Ich fing an, mich mit Neurobiologie und dem Feld der sogenannten Neuen Biologie zu beschäftigen, und je mehr ich darüber erfuhr, desto faszinierter war ich. Es war aufregend, endlich eine Erklärung dafür zu haben, warum wir z. B., gerade wenn wir unter Stress stehen, immer wieder in alte Programme hineinrutschen, und warum die Prägungen der ersten Lebensjahre so tief in uns verankert und oft nicht mehr bewusst wahrnehmbar sind (unser Leben aber jeden Tag bestimmen).

Und da Wissen immer die beste Voraussetzung dafür ist, etwas zuerst zu verstehen und dann selbst anzuwenden, beschäftigt der erste Teil des Buches sich mit den neurobiologischen und -chemischen

Grundlagen unseres Verhaltens. Wir werden uns ansehen, wie und warum unsere automatisch ablaufenden Programme entstehen, warum es oft so schwer ist, sie zu erkennen und zu unterbrechen, aber auch, welches unglaubliche Potenzial wir für Veränderung (die sogenannte „Neuroplastizität") haben.

Ein wichtiges Mittel hierbei sind Affirmationen, wobei der Begriff hier wesentlich weiter gefasst ist, als die im allgemeinen Sprachgebrauch damit bezeichneten formelhaften, positiven Vorsätze.

Zum einen bestehen unsere automatischen Programme aus Affirmationen, die von „Ich kann nichts richtig machen" bis hin zu „Das schaffe ich schon" reichen – wir arbeiten also ununterbrochen mit Affirmationen, allerdings meist, ohne uns dessen bewusst zu sein. Und da diese Affirmationen in den ersten Lebensjahren durch eine Prägung unserer direkten Umgebung entstehen, sind viele dieser Programme völlig veraltet und unwahr. Und tun uns absolut nicht gut.

Zum anderen ist mit dem Begriff „Affirmation" hier jeder bewusste Wunsch nach Veränderung gemeint – das Buch hätte also auch genauso gut *Das große Buch der Veränderung* heißen können. Um mit neuen Affirmationen, also Wünschen, Zielen und Visionen, arbeiten zu können und unserem Leben damit eine ganz neue Richtung zu geben, ist es notwendig, sich vorher mit den alten Affirmationen zu beschäftigen. Es hat seinen Grund, dass unser Leben in bestimmten Bereichen im Moment (noch) nicht so ist, wie wir es uns wünschen. Dafür ist es wichtig, zuerst einmal die automatischen Programme zu erkennen – was dadurch, dass sie eben so selbstverständlich und unbewusst sind, gar nicht so einfach, dafür aber umso spannender ist –, und sie dann zu überprüfen bzw. zu lösen. Dafür stelle ich Ihnen zwei äußerst effektive Techniken vor, die ich beide sehr schätze – *EFT* (Emotional Freedom Techniques), auch bekannt als Klopfakupressur, von Gary Craig und *The Work* von Byron Katie.

Wenn diese unbewussten Programme und inneren Konflikte dann erkannt und überprüft bzw. gelöst sind, können wir mit einer neuen Affirmation bewusst neue Impulse setzen und unser Leben selbst gestalten.

Wie das genau funktioniert, wird im zweiten Teil des Buches anhand von sechs Schritten praktisch erklärt. Hier finden Sie Hinweise, wie Sie mit den alten Programmen und inneren Konflikten arbeiten und neue, sinnvollere Ziele formulieren können.

Der dritte, lexikalische Teil bietet dann Informationen und bereits formulierte Affirmationen zu vielen Lebensbereichen, die Sie direkt anwenden oder für Ihre persönlichen Bedürfnisse entsprechend anpassen können.

Ich möchte Ihnen mit diesem Buch Mut machen, aus dem Überlebensmodus, in dem sich viele von uns die meiste Zeit befinden, wieder in einen anderen, kreativen und selbstbestimmten Modus zu wechseln. Sie sind der wichtigste Mensch in Ihrem Leben und haben es verdient, dass Ihr Leben wieder seinen Zauber, seine Kraft und seine Schönheit zurückbekommt.

Und ich hoffe, dass ich Ihnen etwas von meiner Begeisterung für neuronale Netze und die Verbindung von Wissenschaft und Spiritualität vermitteln kann – Neuronen sind toll!

TEIL I
Grundlagen

1. Was sind Affirmationen?

Viele von Ihnen kennen wahrscheinlich den Begriff „Affirmation" als Bezeichnung für einen positiven, bestätigenden Vorsatz. Affirmationen wurden ursprünglich besonders im Bereich des Positiven Denkens verwendet, werden mittlerweile aber auch in vielen anderen Bereichen eingesetzt.

Hier ist der Begriff „Affirmation" bewusst weiter gefasst. Zum einen meint er all unsere – meist unbewussten – Überzeugungen. Jeder und jede von Ihnen arbeitet also schon die ganze Zeit mit Affirmationen. Das Problem bei diesen Überzeugungen ist allerdings, dass die meisten bereits sehr früh im Leben entstanden und mittlerweile so selbstverständlich sind, dass sie unbewusst geworden sind. Wir wissen also oft nicht mehr, welche Grundüberzeugungen wir über uns und die Welt haben. Das ist deshalb problematisch, weil viele dieser Überzeugungen negativ, unüberprüft, unwahr und uns eigentlich fremd sind, auf der anderen Seite aber unser Leben stark prägen und bestimmen. Sie haben permanente Auswirkungen auf uns und unseren Organismus. Deshalb ist ein Schwerpunkt dieses Buches das Erkennen, Überprüfen und Lösen dieser unbewussten Programme mit der Hilfe von zwei sehr effektiven und einfach anwendbaren Techniken.

Zum anderen verstehe ich hier unter „Affirmationen" den Wunsch nach Veränderung, nach neuen, für mich förderlichen und heilsamen Zielen, Wünschen, Träumen, Visionen, Verhaltens-, Fühl- und Denkweisen. Eine Affirmation bedeutet einen neuen Grundseinszustand – und damit ein neues Leben.

Bevor wir uns mit diesen neuen, positiven Affirmationen beschäftigen, ist es aber, wie gesagt, notwendig, sich erst einmal mit denen zu beschäftigen, die den augenblicklichen Ist-Zustand hervorgerufen haben. Sonst überzuckern wir nur unsere alten, automatisch ablaufenden Programme und lösen sie nicht. Und im Zweifelsfall – z. B. bei Stress oder wenn der bewusste Wunsch nicht mit dem unbewussten Programm übereinstimmt –, wird unser Organismus immer auf die unbewussten Programme zurückgreifen (mit diesem Mechanismus werden wir uns später noch ausführlicher beschäftigen). Bevor wir also mit neuen, förderlichen Affirmationen arbeiten können, ist es notwendig, zuerst einmal mit unseren unüberprüften und überholten zu arbeiten.

2. Der Wunsch nach Veränderung

Da Sie dieses Buch gerade in den Händen halten und lesen, möchten Sie wahrscheinlich gerne etwas an sich oder Ihrem Leben verändern.

Und wie jeder, der das schon einmal versucht hat, stellen Sie sich wahrscheinlich auch diese Fragen:

1. Woher kommt es, dass ich so bin, wie ich bin?
2. Welche Auswirkungen auf mich und mein Leben haben meine unbewussten Programme?
3. Kann ich mich verändern, und wenn ja, warum ist es oft so schwer?
4. Wie funktioniert es, mich zu verändern?

Diesen Fragen werden wir im ersten Teil dieses Buches nachgehen, und die Antworten dann im zweiten, praktischen Teil in die Tat umsetzen.

Auch wenn die Versuchung vielleicht groß für Sie ist, den ersten Teil zu überspringen und direkt mit dem zweiten oder dritten Teil zu arbeiten, möchte ich Ihnen die folgenden Kapitel ans Herz legen. Es ist nach meiner Erfahrung wichtig, den Mechanismus zu verstehen – und darüber hinaus sehr spannend!

Im Folgenden stelle ich einige wichtige Begriffe und mein Menschenbild vor, und werde dann die einzelnen Fragen ausführlich beantworten.

3. Begriffserklärung

Wir werden uns im Folgenden viel mit Gehirn, Geist und Bewusstsein beschäftigen, deshalb möchte ich kurz darauf eingehen, was diese Begriffe hier meinen.

Gehirn

Das Gehirn als Organ ist der physische Sitz unserer Persönlichkeit, deshalb ist es wichtig, mit seiner (und unserer biologischen) Arbeitsweise vertraut zu sein. Wir werden uns deshalb auch mit den verschiedenen neurochemischen Mechanismen beschäftigen und damit, wie genau unsere Programme entstehen, wie sie gespeichert werden und warum sie oft so hartnäckig sind.

Geist

Geist, im Englischen *mind*, ist das, was das Gehirn produziert (Geist und Bewusstsein sind nicht das Gleiche), also alle kognitiven Vorgänge oder Fähigkeiten wie denken, erinnern, rechnen, planen, analysieren, aber auch eher unbewusste Vorgänge wie träumen und unsere unbewussten automatisch ablaufenden Programme. Während das englische Wort *mind* häufig in der normalen Sprache gebraucht wird und neben Geist oder Verstand noch viele andere Bedeutungen haben kann, ist das deutsche Wort *Geist* in der Alltagssprache weniger gebräuchlich. Wir sprechen eher von Verstand, wenn wir den bewussten, und von Unterbewusstsein, wenn wir den unter- oder unbewussten Anteil meinen.

Bewusstsein

Bewusstsein zu definieren, ist relativ schwierig. Eine mögliche Beschreibung von Bewusstsein ist „der Hintergrund, vor dem die kognitiven Prozesse stattfinden“. Eine eher praxisnahe Definition ist, dass wir es merken, wenn wir etwas merken. Wenn wir uns also bewusst sind, dass und was wir gerade denken, fühlen oder tun. Damit ist Bewusstsein einerseits etwas ganz Alltägliches, andererseits aber auch etwas ganz Großes mit einer vollkommen eigenen Qualität.

Wir können Bewusstsein als wache Präsenz beschreiben, die uns ganz im jetzigen Augenblick sein lässt und in der wir bewusst entscheiden können, was wir denken oder tun möchten. Das Gegenteil von Bewusstsein ist ein Leben auf Autopilot – wir sind ständig in Gedanken, tun alles automatisch, bekommen nicht wirklich etwas von unserer Umgebung oder unseren eigenen inneren Vorgängen mit und haben keinen Einfluss auf den stetigen Strom unserer Gedanken. Ein Kollege hat diesen unbewussten Zustand einmal „alltägliche Trance“’ genannt. Interessanterweise (oder eigentlich folgerichtig) sind die meisten Menschen der Überzeugung, bewusst zu sein, bewusst zu denken und freie Entscheidungen zu treffen, obwohl sie den größten Teil ihres Tages in diesem unbewussten, automatischen und reaktiven Zustand verbringen. Wir sind uns nicht bewusst, dass und wie sehr wir unbewusst sind. Deshalb ist einer der wichtigsten Faktoren einer wirklichen Veränderung das Reaktivieren unseres Bewusstseins.

Welcher Zusammenhang besteht nun zwischen Gehirn, Geist und Bewusstsein? Wer bringt wen hervor und können Geist oder

Bewusstsein Auswirkungen auf das Gehirn und seine physiologischen Funktionen haben?

Zu diesen Fragen gibt es in der Wissenschaft, der Philosophie und den spirituellen Traditionen verschiedene Meinungen und Antworten, die sich im Großen und Ganzen in drei großen Gruppen zusammenfassen lassen.

Geist als Nebenprodukt des Gehirns

Besonders in der Wissenschaft herrscht nach wie vor die Annahme, dass unser Geist ein Nebenprodukt des Gehirns und damit von Materie ist, das heißt, es gibt Bewusstsein oder Geist nicht ohne Gehirn. Diese Schule des Denkens geht auf den griechischen Gelehrten Demokrit zurück, der mit seiner antiken Atomtheorie den Grundstein für die Philosophie des Materialismus gelegt hat, der im Westen weit verbreitet ist.

Dass das Bewusstsein irgendwie da ist, wird gerade in neuerer Zeit zwar anerkannt, da es nicht beschreib- oder quantifizierbar ist, wird es aber nach wie vor als X-Faktor aus der Arbeit ausgeklammert. Allerdings gibt es gerade in den letzten Jahren eine neue Strömung, die den Zusammenhang zwischen Geist bzw. Bewusstsein und Gehirn untersucht. Einige dieser Wissenschaftler und ihre Erkenntnisse werden im Folgenden noch genauer vorgestellt.

Geist und Gehirn sind voneinander getrennt bzw. ihr Verhältnis ist ungeklärt

Beides, Geist und Gehirn, existiert, sie sind aber entweder vollkommen getrennt voneinander oder der Zusammenhang zwischen beiden ist unklar. Ein Vertreter der ersten Richtung ist z.B. René Descartes, der Geist und Materie beide als existent, aber vollkommen getrennt voneinander angesehen hat. Das eine kann also nicht auf das andere einwirken. Diese Richtung wird auch „Dualismus" genannt.

Bewusstsein als Grundlage von Gehirn und Geist

Die Vertreter dieser Schule gehen davon aus, dass Bewusstsein das Gehirn erschafft und dieses wiederum den Geist, und nicht umgekehrt. Das Bewusstsein wird als Urgrund der Materie angesehen und ist auch in allem Geschaffenen vorhanden (Materie ist sozusagen von Bewusstsein durchdrungen). Deshalb hat das Bewusstsein oder der Geist auch einen fühlbaren, messbaren und erfahrbaren Einfluss auf Materie. Diese Meinung wird von vielen östlichen Philosophien wie den Veden und im Taoismus vertreten, interessanterweise aber auch zunehmend von einigen Quantenphysikern, z.B. Amit Goswami. Amit Goswami nennt diese Philosophie „monistischer Idealismus", im Gegensatz zum materialistischen Realismus.

Im Rigveda, einem der Texte der Veden, heißt es: „Am Anfang gab es weder Existenz noch Nichtexistenz, die ganze Welt war nicht-manifeste Energie."[1] (zitiert nach Deepak Chopra, *Die sieben geistigen Gesetze des Erfolgs,* S. 19)

Und im Tao Te King, einem der Basistexte des Taoismus, steht: „Das Tao bezeichnet man als die große Mutter: Leer und doch unerschöpflich, bringt es unzählige Wesen hervor. Es ist immer in dir da. Du kannst es ganz nach Belieben verwenden."[2]

Ich persönlich stehe der dritten Gruppe nahe. Meiner Ansicht nach ist unser Gehirn ein sehr wertvolles und kostbares Empfangs- und Verarbeitungsinstrument, aber nicht die Quelle von Bewusstsein oder spirituellen Erfahrungen. Gedanken, Gefühle, Werte und Erkenntnisse sind meiner Erfahrung nach sehr viel mehr als ihre neuralen Abbildungszonen im Gehirn. Aber dennoch ist das Gehirn ihre physische Grundlage (bei schweren Verletzungen oder Krankheiten merkt man, dass das Instrument fehlt), und deshalb ist es so wichtig, sich mit seiner Funktion zu beschäftigen und sich damit vertraut zu machen – es ist schließlich *unser* Gehirn.

Vielleicht klingt das Ganze für Sie nach einer zwar interessanten, im Grunde aber doch eher akademischen Frage, in Wirklichkeit hat sie fundamentale Auswirkung auf unser tägliches Leben. Wenn der Geist ein Epiphänomen (Begleiterscheinung) des Gehirns ist, dann kann zwar eine Veränderung meines Gehirns (z.B. durch Medikamente) meinen Geist verändern, nicht aber umgekehrt. Und da das Gehirn, zumindest nach der vorherrschenden Meinung der Neurowissenschaften der letzten hundert Jahre, nur zu ganz geringen Veränderungen fähig ist, wäre das eine sehr schlechte Nachricht. Wir müssten mit den Voreinstellungen zurechtkommen, die wir durch die Gene und Prägung unserer Eltern mitbekommen haben, und wir wären dazu verurteilt, das Leben unserer Eltern und Großeltern mit leichten Variationen zu wiederholen.

Es gibt aber auch eine gute Nachricht: Mittlerweile gibt es relativ viele Untersuchungen und Studien, die zeigen, dass Geist bzw. Bewusstsein Materie beeinflussen *kann*. Gedanken, positive wie negative, können auf Gehirngewebe einwirken (und tun es die ganze Zeit) und die Verknüpfungen der Nervenzellen verändern. Und diese Veränderungen des Gehirngewebes (die sogenannten neuronalen Netze, auf die wir später noch eingehen) werden über Botenstoffe in alle Zellen des Körpers übermittelt. Das heißt jeder Gedanke (bewusst oder unbewusst) hat eine messbare, fühlbare Auswirkung auf unseren Organismus und damit auf unser Leben.

Wie das genau funktioniert, damit werden wir uns in den folgenden Abschnitten genauer beschäftigen.

4. Autopilot versus freie, bewusste Entscheidung

Wie kommt es, dass wir so sind, wie wir sind?

Die Frage „Wer bin ich?“ und „Warum bin ich so, wie ich bin?“ gehören sicher zu den elementarsten Fragen, die wir uns im Laufe unseres Lebens stellen. Wir werden uns in diesem Abschnitt deshalb damit beschäftigen, wie sich unsere Persönlichkeit ausbildet, woher unsere Werte, Überzeugungen und Einstellungen kommen und wie und warum unsere automatisch ablaufenden Programme entstehen.

Dafür werden wir uns zuerst ansehen, was in unserem Gehirn passiert, wenn wir etwas Neues lernen und es dort als Erinnerung, Erfahrung oder Einstellung abspeichern. Dann sehen wir uns an, welche Folgen diese Programme für unseren Organismus haben und warum unser Organismus so gerne in Altem und Bekanntem verharrt, selbst wenn das nicht gut für uns ist. Schließlich werden wir uns mit dem Thema „Gene“ beschäftigen und mit der Frage, wie festgelegt wir durch unser genetisches Erbe wirklich sind.

Einen Hinweis möchte ich noch vorausschicken: Neurobiologie, Bewusstsein und Wahrnehmung sind sehr komplexe Themen, die ich hier naturgemäß stark vereinfacht darstelle (sonst hätte das Buch 500 Seiten und wäre wahrscheinlich ein bisschen sperrig zu lesen). Außerdem ist Wissenschaft etwas Bewegliches und neue Erkenntnisse verändern ständig das Bild, deshalb spiegelt das hier Beschriebene den aktuellen Forschungsstand. Die Auswahl der Quellen entspricht meiner Sichtweise und meinem Verständnis und lässt sich anhand der Endnoten und des Literaturverzeichnisses für Sie nachvollziehen.

Persönlichkeit und Essenz

Grundsätzlich besteht unsere Persönlichkeit – also das, was wir denken, fühlen, tun und sind –, aus drei Komponenten:

1. aus dem genetischen Erbe, das wir von unseren Eltern und Vorfahren mitbekommen haben (z.B. das musische Talent, die Vorliebe für Bratkartoffeln, das schmale Gesicht, die Augen- und Haarfarbe, die Neigung zu Krampfadern, aber auch Wesenszügen und Erfahrungen);
2. aus der Prägung durch unsere (frühe) Umgebung (die emotionale Atmosphäre in unserer Familie, die Geschichte, Erfahrungen und Einstellungen unserer Eltern und daraus, welche unserer Wesenszüge von den Eltern geschätzt und verstärkt und welche nicht geschätzt und bestraft oder umgeprägt wurden);
3. aus unseren eigenen, individuellen Erfahrungen in Kombination mit der Bedeutung, die wir ihnen aufgrund unserer persönlichen Veranlagung beigemessen haben (z.B. kann Zuwendung angenehm oder unangenehm sein, je nachdem, welches Selbstbild wir haben).

Ich persönlich bin der Ansicht, dass wir darüber hinaus eine Essenz – einen zeitlosen Anteil mit einem ganz bestimmten „Geschmack" – haben, die weder von der Genetik noch von der Prägung abhängt, allerdings oft von diesen beiden Faktoren überlagert oder verzerrt wird. Diese Essenz bzw. dieses wirkliche Selbst ist das, wonach wir suchen, wenn wir uns fragen „Wer bin ich jenseits meiner Konditionierungen? Wer bin ich wirklich?". Ein Ziel dieses Buches ist, diese Konditionierungen zu erkennen, zu überprüfen und gegebenenfalls durch etwas zu ersetzen, das uns wirklich entspricht – also im Grunde wieder das zu werden, was wir eigentlich schon sind.

Wie entstehen unsere Programme?

Grundsätzlich, wie gesagt, durch das, was wir von unseren Vorfahren über die Gene an Voreinstellungen geerbt haben, durch die Prägung im Elternhaus und durch das, was wir selbst erleben.

Aber wie entsteht aus dem, was wir hören, fühlen oder erfahren eine Erinnerung oder ein Programm? Was genau passiert im Gehirn, wenn wir etwas Neues lernen, z. B. Autofahren, oder uns an etwas Bekanntes wie den Namen eines ehemaligen Mitschülers erinnern? Und was hat es mit dem Autopiloten auf sich, in dem wir uns einen so großen Teil unserer Zeit befinden?

Dafür müssen wir uns die Struktur des Gehirns etwas genauer ansehen. Das Gehirn besteht aus 100 Milliarden Nervenzellen (Neuronen), die in einer unglaublichen Anzahl von dreidimensionalen Mustern angeordnet sind. Sie können sich das ein bisschen wie ein sehr, sehr komplexes 3-D-Puzzle vorstellen, das nicht den Eiffelturm, sondern Ihr Gehirn darstellt.

Die meisten Neuronen sehen aus wie kleine Bäumchen und bestehen aus einem Zellkörper mit dem Zellkern, in dem sich die DNS befindet, von dem ein verzweigtes Netz aus Dendriten (das sind Verästelungen, die Reize von anderen Neuronen empfangen und an den Zellkern bzw. durch diesen hindurch zu anderen Neuronen leiten) ausgeht. Beides zusammen, Kern und Dendriten, bilden die Krone unseres metaphorischen „Bäumchens“. Vom Zellkörper geht das Axon aus, vergleichbar mit dem Baumstamm, das dann in einer Verästelung von Axonenendungen oder Endknöpfchen endet – den Wurzeln.

Wenn jetzt durch einen Reiz von außen (Freude über ein nettes Wort beim Einkaufen) oder von innen (Erinnerung an den letzten Zahnarztbesuch) eine bestimmte elektrische Stimulation ausgelöst wird, dann geben die Endknöpfchen den Impuls an andere Neuronen weiter. Dies geschieht allerdings meistens nicht direkt, also mit direktem Kontakt und damit elektrisch, sondern chemisch über den sogenannten „synaptischen Spalt“. Das ist ein schmaler Spalt zwischen einer Axonendung und einem Dendriten der Nachbarzelle.

Jeder elektrische Impuls, der die Nervenzelle entlang reist, hat eine spezielle Frequenz oder Höhe der Ladung und diese löst in der Membran des Endknöpfchens die Ausschüttung chemischer Botenstoffen aus, den sogenannten Neurotransmittern. Der Nervenimpuls, der von Freude über das nette Wort beim Einkaufen in den Neuronen ausgelöst und als spezielle Frequenz kodiert ist, transportiert also eine ganz andere Information durch unser Gehirn als eine Erinnerung an eine geplatzte Verabredung oder den letzten Zahnarzttermin. Diese spezielle elektrische Frequenz oder Information wird dann unverändert, aber in chemische Impulse übersetzt, an die Nachbarzelle weitergegeben, indem sie einen ganz bestimmten, zu dieser Frequenz passenden, Neurotransmitter in den synaptischen Spalt freisetzt. Die Information befindet sich dann in chemischer Form im synaptischen Spalt.

Auf der anderen Seite befinden sich Rezeptoren; das sind Moleküle, die nach dem Schlüssel-Schloss-Prinzip mit jeweils einem bestimmten Neurotransmitter reagieren. Wenn sich ein entsprechender Neurotransmitter im synaptischen Spalt befindet, schnappt es sich der Rezeptor und verleibt es der Zelle ein. Dort löst das Molekül zum einen eine Reihe von biochemischen Reaktionen in der Zelle selbst aus, gibt die Information aber andererseits auch, nun wieder als elektrischen Impuls oder Aktionspotenzial, über das Axon an die nächste Nervenzelle weiter.

Ein Neuron ist dabei nicht nur wie in einer Kette mit einem anderen Neuron verbunden, sondern kann bis zu 10000 Synapsen, also Verbindungen, mit anderen Neuronen bilden. Insgesamt weist das menschliche Gehirn etwa eine Billiarde Synapsen auf. Das ist so, als würden Sie eine E-Mail statt an nur einen Bekannten und der wiederum an einen weiteren, gleich an alle Adressen in Ihrem E-Mail-Verteiler schicken und diese wiederum an alle Adressen in deren Verteiler.

Die unterschiedlichen Kombinationen dieser Milliarden von Nerven, die miteinander verbunden sind und zusammen in einer ganz speziellen Sequenz feuern, werden als „Neuronale Netzwerke“ oder „Neuronale Netze“ bezeichnet.

Neuronale Netze

Ein neuronales Netz sind buchstäblich Millionen von Neuronen, die zusammen und gleichzeitig in verschiedenen Regionen und Unterregionen im gesamten Gehirn feuern. Sie schließen sich (durch Lernen, s. u.) zusammen, um Teams von Nervenzellen zu bilden, die sich ab dann als Gruppe verhalten. Diese Gemeinschaften haben sich in Beziehung zu einem bestimmten Konzept, einer Idee, einer Erinnerung, Fähigkeiten oder Gewohnheiten zusammengeschlossen. Als Bild können Sie sich einen Sack mit einer Aufschrift, z. B. „Liebe", vorstellen, in dem sich alle einzelnen Aspekte befinden, die Ihr Verhältnis zu diesem Thema ausmachen. Oder – etwas multimedialer – Sie denken an diese Informationstafeln in Museen, bei denen Sie auf verschiedene Knöpfe drücken können. Je nach Farbe des Knopfes leuchten dann elektronisch auf einer Weltkarte alle Städte auf mit mehr als zwei Millionen Einwohnern oder alle Städte, die unterhalb des Meeresspiegels liegen. Etwas Ähnliches passiert im Gehirn, nur dass hier eben nicht die Städte, sondern all das aufleuchtet, was mit Themen wie „Liebe" oder „Meine Prüfungsangst" zu tun hat, wenn ein entsprechender Reiz kommt.

Das neuronale Netz in Ihnen zum Thema „Liebe" besteht also aus ganz vielen Einzelinformationen (Erfahrungen, Überzeugungen, Gefühlen, Gedanken, Konzepten, Erinnerungen Ihrer Vorfahren, Bewertungen etc.), von denen Ihnen allerdings die meisten nicht oder nur unterschwellig bewusst sind. Die Menge an Assoziationen und der Inhalt dieses neuronalen Netzes bestimmt Ihr Verhältnis zu Liebe und darüber, welche Rolle Liebe in Ihrem Leben spielt.

Wie entstehen aber diese neuronalen Netze? Was bringt Neuronen dazu, sich zu Gruppen zusammenzuschließen und sich dann wie ein Team zu verhalten? (Bildlich gesprochen: Wie kommen all diese Aspekte in den Sack hinein und warum ist die Einstellung zu „Liebe" bei jedem Menschen so unterschiedlich?)

Im Prinzip entstehen neuronale Netze durch Lernen und die Verknüpfung von immer mehr Informationen (Sinneseindrücke, Erinnerungen an vergangene, gleichartige Erlebnisse, Konzepte, Bewertungen etc.) zu einem Thema.

Wenn wir z.B. sprechen lernen, dann fangen wir mit ganz einfachen Worten wie „Mama" oder „Ball" an, die mit einem bestimmten Bild und Gefühlen verbunden sind (im Fall von „Mama" z.B. mit Sicherheit, Geborgenheit, Wärme, Nahrung, oder auch weniger guten wie Unzuverlässigkeit, Überforderung usw.; oder im Fall von „Ball" mit bunt, Spaß, spielen usw.). Auf dieser einfachen Basis bauen wir dann auf und verknüpfen neue Worte und Erfahrungen damit, z.B. „lieb" oder „spielen". Wir können jetzt also schon „Mama lieb", aber auch „Mama spielen" bzw. „Ball lieb" oder „Ball spielen" sagen. So baut sich mit jedem neuen Wort, dem dazu gespeicherten Bild und allen damit gemachten Erfahrungen ein dreidimensionales Netz auf, das mit immer komplexer und vielschichtiger wird und die Möglichkeit für immer mehr Verbindungen untereinander bietet. Im Gegensatz dazu ist es für uns oft sehr schwierig, Worte oder Begriffe zu lernen, die keinerlei Verbindung zu bereits Gelerntem haben, z.B. lateinische Vokabeln oder Ortsbezeichnungen in einer ganz fremden Sprache. Hier helfen Eselsbrücken, eigentlich Unbekanntes über einen Umweg doch noch mit etwas schon Bekanntem zu verbinden und es so leichter in ein bereits existierendes neuronales Netz einzubinden.

Wie aber funktioniert Lernen physiologisch? Der spanische Neuroanatom Santiago Ramón y Cajal (1852–1934) war einer der Ersten, der vermutete, dass das Lernen und Speichern von Informationen (und damit die Bildung neuronaler Netze) über elektrische Signale funktionierte. Wenn wir eine Information speichern, dann verändern sich die Verbindungen zwischen den Neuronen.

Zu Beginn der 1950er-Jahre entwickelte dann der kanadische Psychologe Donald Hebb diese Vorstellung weiter. Er vermutete, dass Nervenzellen, die im selben Augenblick elektrische Signale abfeuern, ihre Verbindungen untereinander stärken (auf Englisch: „Fire together, wire together"), und wenn sie häufiger zusammen stimuliert werden, gehen sie eine dauerhafte Verbindung in Form eines neuronalen Netzes ein. Die ständige Aktivierung der gleichen Signalkette erhöht damit die Chance, dass der gesamte Schaltkreis mit vereinter Kraft feuert – und die Information als Erinnerung ins Langzeitgedächtnis übergeht. Je öfter Sie sich Ihre neue Pinnummer für die EC-Karte also vorsagen, desto besser können Sie sie sich merken – das Gleiche gilt aber auch bei Dingen wie „Ich kann das nicht" oder Angewohnheiten wie ein ständiges Drehen an den Haaren.

Wir lernen also neue Informationen, indem wir neue synaptische Verbindungen zwischen Neuronen bilden. Und wir erinnern uns, indem wir diese neuen Verbindungen immer wieder aktivieren. Neuronale Netze sind damit das Resultat einer ständigen neuronalen Aktivierung. Praktisch sieht das so aus, dass dieses neuronale Netz mit all seinen Assoziationen, Gefühlen und Einstellungen immer fester miteinander verknüpft und reichhaltiger wird sowie immer tiefere Spuren in meinem Gehirngewebe hinterlässt, je öfter ich an eine bestimmte Sache denke, z. B. an eine vergangene Verletzung. Ich werde also neurologisch zu dem, woran ich gewohnheitsmäßig denke und worauf ich meine Aufmerksamkeit richte; insofern ist die individuelle Struktur meines Gehirns ein genaues Abbild meines Lebens.

Programme und Autopilot

Wir haben gesehen, dass unser Gehirn neue Informationen lernt, indem es neue Verbindungen zwischen Nervenzellen herstellt. Sehen wir uns nun an, wie und wo diese neuen Informationen gespeichert werden – als explizite, d. h. bewusste, oder implizite, d. h. unbewusste, Erinnerung –, wie daraus unsere unbewussten Programme entstehen und warum wir so oft auf Autopilot, also unbewusst, sind.

Explizite Erinnerung – bewusste Erinnerung, z. B. Pinnummer

Implizite Erinnerung – unbewusste Erinnerung, z. B. laufen

Wo und wie werden bewusste und unbewusste Erinnerungen gespeichert?

Unser Geist hat einen bewussten und einen wesentlich größeren unbewussten Anteil. Beide Bereiche sind eingebettet in zwei ganz unterschiedliche Gehirnsysteme. Unser Bewusstsein befindet sich im Neokortex, unserem bewussten Gedankenzentrum im Gehirn, und hier besonders in der Vorderen Großhirnrinde, dem sogenannten Frontallappen.

Der Frontal- oder Stirnlappen ist der vordere Bereich der Großhirnrinde und hier bzw. in einem Untersektor, dem Präfrontalen Kortex, liegt der physische Sitz des Bewusstseins, der Intention und des bewussten, freien Willens.

Der unter- oder unbewusste Anteil wird dagegen hauptsächlich vom Kleinhirn (Cerebellum) verwaltet, einem stammesgeschichtlich wesentlich älteren Gehirnbereich an der unteren Rückseite des Gehirns.

Eine Funktion dieser beiden Bereiche – des bewussten und unbewussten Bereiche –, mit der wir täglich umgehen und die einen ungeheuren Einfluss auf unser Leben hat, sind explizite und implizite Erinnerungen.

Explizite Erinnerungen: Explizite Erinnerungen sind deshalb explizit, weil wir wissen, dass wir etwas wissen. Diese Erinnerungen werden vom Neokortex verwaltet und sind uns bewusst und willentlich zugänglich. Ein Beispiel für eine explizite Erinnerung ist die Telefonnummer unserer Tante oder das Bedienen des neuen Fernsehers samt Receiver.

Implizite Erinnerungen: Implizite Erinnerungen sind all die Erinnerungen – dazu zählen auch unsere Einstellungen, emotionale Reaktionen, wiederholte Aktionen, Gewohnheiten, konditionierte Verhaltensweisen, unbewusste Reflexe und Fähigkeiten –, die so oft aktiviert worden sind, dass sie automatisch geworden sind. Sie sind uns nicht bewusst – wir wissen nicht, dass wir es wissen –, und sie sind nicht willentlich abrufbar. Ein Beispiel für eine implizite Erinnerung ist die Fähigkeit des Laufen- oder Sprechenkönnens. Wir sind uns nicht bewusst, dass wir es können, und könnten es auch niemandem erklären, obwohl wir beides täglich selbstverständlich tun.

Die impliziten Erinnerungen werden vom Kleinhirn verwaltet, das viele unserer unterbewussten Mechanismen kontrolliert. Das Kleinhirn hat kein Zentrum für Bewusstsein, aber einen sehr leistungsfähigen Erinnerungsspeicher. Hier befindet sich vor allem das, was wir als Unterbewusstsein kennen und damit auch unsere unbewussten, automatischen Programme.

Wir verwandeln die ganze Zeit explizite Erinnerungen in implizite Erinnerungen, indem wir einen Gedanken oder eine Fertigkeit häufig wiederholen. Diese wird erst automatisiert und läuft dann unterbewusst und schließlich, wenn wir sie wirklich gemeistert haben, unbewusst ab. So werden bewusste Gedanken zu unbewussten Gedanken bzw. Programmen und das ist genau unser Ziel mit neuen Verhaltens-, Denk- oder Seinsweisen, mit denen wir in Teil II praktisch arbeiten. Wir müssen uns zuerst mit ihnen beschäftigen und uns auf sie bewusst konzentrieren und sie so lange wiederholen, bis sie nach und nach selbstverständlicher werden und schließlich automatisch ablaufen.

Frühe Prägung

Die meisten unserer unbewusst ablaufenden Programme entstehen in der Zeit von der Zeugung bis etwa zum sechsten Lebensjahr. Das ist auch der Grund dafür, warum die ersten Jahre so wichtig sind und unser weiteres Leben so stark prägen. Aber warum ist das eigentlich so? Warum können Sätze wie „Aus dir wird nichts" oder „Deine Schwester macht das viel besser als du" so tief wirken, dass sie als unbewusst ablaufendes Programm unser ganzes Leben bestimmen?

Ein Grund hierfür liegt darin, dass wir von Natur aus darauf angelegt sind, in den ersten Lebensjahren Unmengen an Informationen aufzunehmen und abzuspeichern. Das wird verstärkt durch die Tatsache, dass unser Gehirn im Lauf unserer Entwicklung in verschiedenen Gehirnwellenbereichen arbeitet. Diese Gehirnwellenbereiche entsprechen ganz bestimmten inneren Zuständen und kommen dadurch zustande, dass sich die elektrische Ladung einzelner Gehirnzellen verändert, um damit zur Informationsverarbeitung des Gehirns beizutragen. Diese von den Neuronen erzeugten Potenziale oder Ladungen addieren sich und breiten sich über das ganze Gehirn aus.

Es gibt fünf verschiedene Frequenz- oder Wellenbereiche:

Delta (0,5–3,5 Hz)

Dieser Wellenbereich tritt auf, wenn wir im Tiefschlaf oder in einer sehr tiefen Trance sind. In diesem Gehirnwellenbereich sind wir normalerweise unbewusst, das heißt, wir nehmen nicht wahr, ob und was wir wahrnehmen.

Theta

Niedrig/Theta 1 (4–6,5 Hz)

Dieser Zustand tritt auf, wenn wir im Übergangsbereich zwischen Wachen und Schlaf sind, bei Hypnose und in Wachträumen.

Hoch/Theta 2 (6,5–7 Hz)

Dieser Wellenbereich ist typisch für tiefe Entspannung, Meditation und ebenfalls für Hypnose und Wachträume. In diesem Bereich erleben wir eine erhöhte Lern- und Erinnerungsfähigkeit, Kreativität und Konzentrationsfähigkeit.

Alpha (8–13 Hz)

Im Alphabereich sind wir, wenn wir leicht entspannt sind, die Augen geschlossen haben und unsere Aufmerksamkeit nach innen richten. In diesem Zustand haben wir eine erhöhte Erinnerungs- und Lernfähigkeit.

Beta

Niedrig (14–15 Hz)

Dieser Bereich ist gekennzeichnet durch eine entspannte, nach außen gerichtete Aufmerksamkeit. Hier können wir gut Informationen aufnehmen und sind aufmerksam.

Mittel (15–21 Hz)

In diesem Zustand sind wir hellwach und haben eine normale bis erhöhte nach außen gerichtete Aufmerksamkeit. Unsere kognitiven Fähigkeiten sind gut.

Hoch (21–38 Hz)

Dieser Zustand ist durch Stress, Angst, Hektik oder Überaktivierung gekennzeichnet (s.u. „Überlebensmodus"). Unsere Gedanken sind sprunghaft und wir können uns nicht mehr gut konzentrieren.

Gamma (38–70 Hz)

In der neueren Forschung wurde dieser Zustand als eigener Gehirnwellenbereich definiert. Er tritt auf, wenn wir hoch konzentriert sind und eine anspruchsvolle Tätigkeit mit einem hohen Informationsfluss ausführen. Der Gammabereich ist dadurch gekennzeichnet, dass es hier zu einer Veränderung oder Neuorganisation im Gehirn kommt (die sogenannten „Aha-Erlebnisse" oder tiefen Einsichten).

Neuere Untersuchungen besagen, dass bei Kindern je nach ihrem Entwicklungsstadium eine ganz bestimmte Wellenfrequenz vorherrscht.[3]

Von der Geburt bis etwa zwei Jahre: Das Gehirn des Kindes befindet sich hauptsächlich im Delta-Bereich, der tiefsten Frequenz unseres Spektrums.

Im Alter von zwei bis sechs Jahren: Das Gehirn beginnt in einem etwas höheren Frequenzbereich, dem Theta-Bereich, zu arbeiten. Beide Bereiche, der Delta- und der Theta-Bereich, machen sehr empfänglich für Programmierungen und werden deshalb auch gerne in der Hypnose verwendet.

Im Alter von sechs bis zwölf Jahren: Das Gehirn schwingt nun verstärkt im Alpha-Frequenzbereich. Wir sind weniger beeinflussbar und das Bewusstsein entwickelt sich.

Ab 12 Jahre: Jetzt gibt es bereits längere Phasen von höher schwingenden Frequenzen (Beta-Wellen). Dies entspricht einem aktiven und fokussierten Bewusstsein.

Weil das Gehirn kleiner Kinder bis sechs Jahre hauptsächlich in den beiden tiefsten Bereichen, Beta und Theta, arbeitet, können sie die unglaublichen Mengen an Informationen abspeichern, die notwendig sind, um in der Welt zurechtzukommen. Wir lernen nie wieder im Leben derartig viel Neues, auch wenn wir subjektiv das Empfinden haben, in der Schul- oder Ausbildungszeit wesentlich mehr gelernt zu haben. Das liegt daran, dass wir immer bewusster werden, je älter wir werden, und das neue Wissen deshalb auch bewusster als solches wahrnehmen (explizite Erinnerungen). Eine so komplexe Fertigkeit wie Laufen oder Sprechen dagegen ist in unserer vorbewussten Zeit entstanden und deshalb eine implizite Erinnerung und entsprechend unbewusst.

Die neuere Forschung geht sogar davon aus, dass wir schon in der vorgeburtlichen Zeit im Mutterleib ein implizites Gedächtnis ausbilden und dass diese Programmierungen für das spätere Leben sehr wichtig sind.[4] Und auch wenn diese Erinnerungen, genau wie die der frühen Kindheit, nicht bewusst erinnert oder ausgedrückt werden können, sind sie im Gedächtnis der Zellen, in einzelnen Organen, einzelnen Gehirnbereichen oder im ganzen Körper gespeichert und kommen häufig auf nicht-verbale Weise, z.B. körperlich, zum Ausdruck. Deshalb versuchen viele Formen der Körpertherapie auf diese im Körper gespeicherten Erinnerungen zuzugreifen und sie dort zu lösen.

Kleine Kinder lernen durch Beobachtung und Nachahmung und übernehmen das Weltwissen, aber auch die Eigenarten, Einstellungen,

Gefühle und Erfahrungen ihrer Eltern. Das alles wird als implizite Erinnerung oder Programm im Kleinhirn abgespeichert bzw. dort verwaltet und abgerufen. Und sobald diese Verhaltensweisen und Überzeugungen unserer Eltern einmal fest in unser Unterbewusstsein einprogrammiert sind, steuern sie einen großen Teil unseres Lebens – wenn wir sie nicht bewusst verändern.

Dieser an sich sinnvolle Mechanismus – wir können so von dem Wissen und der Lebenserfahrung unserer Eltern profitieren –, birgt allerdings ein großes Problem: Wir haben in diesem Alter noch kein ausreichend entwickeltes Bewusstsein, um den Wahrheitsgehalt oder die langfristigen Konsequenzen dieser Informationen beurteilen zu können. Deshalb wird alles, auch Dinge, die objektiv falsch („Alle Politiker sind korrupt“) oder subjektiv schädlich („Du taugst nichts“) sind, als Wahrheit und Tatsache in unserem Unterbewusstsein abgespeichert.

Wenn wir erwachsen sind, ist unser Unterbewusstsein randvoll mit Informationen, die von nützlichen Fähigkeiten wie Fahrradfahren oder Sprechen bis hin zu Überzeugungen wie „Die Welt ist feindlich und nur der Stärkste überlebt“ oder „Ich schaffe das schon“ reichen.

Daher besteht der wichtigste Schritt bei einer Veränderung darin, uns nach und nach den Inhalt unserer automatischen Programme bewusst zu machen und diese dann auf ihren Wahrheitsgehalt hin zu überprüfen. Eine große Hilfe sind hierbei die beiden Techniken – *EFT* und *The Work* –, die ich Ihnen im zweiten, praktischen Teil ausführlich vorstellen werde.

Warum sind wir so oft auf Autopilot, also unbewusst?

Kommen wir jetzt zu der Frage, warum wir unseren bewussten, freien Willen und unser Bewusstsein nicht häufiger nutzen, um diese alten, überholten und oft unwahren Programme durch neue und bessere zu ersetzen. Warum sind wir so oft auf Autopilot und lassen unser Leben von unseren vorinstallierten Programmen leben, obwohl sie für die meisten unserer Probleme verantwortlich sind?

Komfortzone

Zum einen, weil sie uns so vertraut sind. Sie fühlen sich deshalb so vertraut an, weil wir sie schon so lange immer wieder verwenden und uns inzwischen vollkommen mit ihnen identifizieren. Diese gebahnten neuronalen Netze stehen uns immer zur Verfügung und wir haben sofort Zugriff auf sie, ohne nachdenken zu müssen. Sie können die Wirkung dieser Komfortzone selbst testen, indem Sie heute Abend bewusst beim Zähneputzen gegengleich anfangen – wenn Sie normalerweise oben rechts beginnen, dann fangen Sie heute unten links an. Es ist erstaunlich, wie unwohl man sich schon bei der Veränderung einer so relativ unwichtigen Tätigkeit fühlen kann – wie viel mehr dann bei etwas, das empfunden einen Teil meiner Identität ausmacht.

Es ist eine leichte, bequeme Art, in den gewohnten, vertrauten und bekannten Bahnen zu denken, zu fühlen und zu handeln. Allerdings wird damit unser innerer Zustand immer automatischer, unbewusster und zur Gewohnheit, und wir fangen an, über uns und unser Leben auf eine immer gleiche Art und Weise zu denken. Oft reicht schon ein Gedanke oder ein Impuls aus der Umgebung aus, um ein vorprogrammiertes Set von Reaktionen und Verhaltensweisen in uns zu aktivieren. So gibt es viele verschiedene Möglichkeiten, innerlich auf das Zuspätkommen des Partners zu reagieren – von Sorge und Ärger über Gelassenheit bis hin zur Gleichgültigkeit.

Das ist zwar einfach und vom Organismus her gesehen energiesparend, andererseits bietet uns diese automatische Reaktion jedoch keine Möglichkeit, neu, bewusst und angemessen zu reagieren. Unser Autopilot ist vergangenheitsbasiert (nicht wahrheitsbasiert), und wir reagieren immer so, wie wir schon immer reagiert haben – ob das erfolgreich, konstruktiv oder angemessen war bzw. ist oder nicht. Dinge automatisch und ohne darüber nachzudenken zu tun, ist für körperliche Tätigkeiten vollkommen in Ordnung und sinnvoll. Was aber passiert, wenn nicht nur unsere körperlichen Tätigkeiten, sondern auch unsere Verhaltensweisen, Überzeugungen, Werte, Einstellung und Stimmungen in das gleiche unbewusste, unüberprüfte, schrecklich vorhersehbare Muster fallen? Dann verwandelt sich unsere Komfortzone in ein Gefängnis.

Außerhalb dieser Komfortzone zu denken, erfordert Willen und eine bewusste Anstrengung; aber das, was wir dafür bekommen, ist jede Anstrengung wert. Und mit Techniken wie *EFT* und *The Work* ist es auch wesentlich leichter, unsere alten Muster zu erkennen, sie zu überprüfen und dann durch neue, bessere Verhaltens- und Denkweisen zu ersetzten.

Stress und Überlebensmodus

Der zweite Grund dafür, dass wir so oft unbewusst und auf Autopilot eingestellt sind, ist chronischer Stress. Chronischer Stress bewirkt, dass unser Organismus in einen Überlebensmodus umschaltet.

Wenn wir im Überlebensmodus sind, dann sind wir die ganze Zeit wachsam und auf der Hut und scannen unsere Umgebung nach möglichen Gefahren, um auf sie zu reagieren. Der Neokortex wird dann nicht mehr dazu benutzt, um zu lernen oder bewusst zu denken, sondern er erinnert sich nur noch an vergangene ähnliche Situationen, um sie dann mit der Gegenwart zu vergleichen. Wenn der Neokortex dabei eine mögliche Gefahr entdeckt, antwortet das Gehirn mit einem natürlichen, primitiven Überlebensmechanismus – dem Kampf- oder Fluchtmechanismus des autonomen Nervensystems. Blut und Energiezufuhr verlagern sich dann aus dem Neokortex in unser stammesgeschichtlich älteres Mittelhirn. Wir denken oder überlegen nicht länger, sondern reagieren automatisch, um das (vermeintliche) Überleben unseres Körpers zu sichern. Und je gestresster wir sind, desto stärker greifen wir auf vertraute, automatisch ablaufende Programme zurück (die zum Teil oder auch ganz für den Stress verantwortlich sind).

Neurologisch gesehen liegt das daran, dass durch Stress die hoch komplizierten und deshalb besonders labilen Verschaltungsmuster im relativ jungen Neokortex in Unordnung geraten und nicht mehr richtig funktionieren können. Der Hirnstamm, das Kleinhirn und das Mittelhirn sind stammesgeschichtlich wesentlich älter und deshalb sehr viel stärker und stabiler verschaltet als der Neokortex. Wir greifen also bei Stress zuerst auf die automatischen Programme aus unserer frühen Kindheit zurück. Wird der Stress noch größer, funktionieren auch diese nicht mehr und wir können dann nur noch auf die ganz stabil verschalteten Muster zurückgreifen, die wir aus unserer Stammesgeschichte mitgebracht haben und die in unseren ältesten Hirnregionen bereits vor der Geburt entstanden sind. Das bedeutet Kampf, Flucht oder Erstarrung (Totstellen).[5]

Biochemisch werden bei Stress Hormone wie Adrenalin und Kortisol von der Nebennierenrinde produziert und ausgeschüttet. Besonders Kortisol führt bei einer chronischen Überproduktion dazu, dass unsere Merk- und Konzentrationsfähigkeit nachlässt. Außerdem erhöht es bei chronischer Überproduktion den Blutdruck und den Blutzucker, verhärtet die Arterien und kann zu Herzerkrankungen führen.[6]

Leben im Stress ist also ein Leben im Überlebensmodus. Unsere innere Intelligenz und unsere Selbstheilungskräfte können nicht mehr arbeiten und das durch Stress ausgeschüttet Kortisol tut sein Übriges, um diesen Effekt noch zu verstärken.

Biochemie/Abhängigkeit

Eine relativ neue (und wie die meisten neuen Theorien nicht unumstrittene) Theorie liefert noch einen dritten, für mich sehr schlüssigen Aspekt als Antwort auf die Frage, warum wir so oft unbewusst und auf Autopilot sind.

Die Zellbiologin Dr. Candace Pert und andere Forscher wie der Chiropraktiker Dr. Joe Dispenza vertreten die These, dass wir eine biochemische Abhängigkeit von unseren vertrauten emotionalen Zuständen – auch den unangenehmen – haben.[7]

Jeder Gedanke, den wir denken, verursacht eine biochemische Reaktion im Gehirn. Das Gehirn schüttet dann chemische Signale aus, die weiter oben schon vorgestellten Neurotransmitter, die zu den Organen transportiert werden, wo sie als Botschafter der Gedanken wirken. Jeder einzelne Gedanke oder jedes einzelne Gefühl setzt damit eine bestimmte Kaskade von biochemischen Stoffen in unseren Organen frei. Je häufiger wir einen bestimmten Gedanken (bewusst oder unbewusst) denken, desto mehr wird seine biochemische Signatur zu einem vertrauten Grundzustand in unserem Organismus – das kann z.B. „immer leicht deprimiert", „traurig" oder „zuversichtlich" sein. Jeder Mensch hat eine einzigartige homöostatische (selbstregulierende) Balance, die direkt vom genetischen Programm, seiner Reaktion auf Umgebungsumstände und seinen eigenen unterbewussten Gedanken beeinflusst wird.

Was aber passiert, wenn wir unseren inneren Grundzustand von „traurig" zu „zuversichtlich" ändern möchten, indem wir bewusst häufiger „Ich schaffe das schon" zu uns sagen? Dann bekommen unsere Zellen ihre tägliche Dosis an vertrauten Chemikalien nicht. Da der Körper immer auf die Erhaltung seines Gleichgewichtes ausgelegt ist, schicken die Zellen eine Botschaft über das Rückenmark an das Gehirn, indem sie ihm sagen, dass sie diese gewohnten Chemikalien brauchen. Das Gehirn fängt dann an, Bilder zu produzieren, zum Beispiel von traurigen Erfahrungen in unserem Leben, und wir beginnen, darüber nachzudenken, warum wir so traurig sind. Das Gehirn aktiviert vergangene Erinnerungen und Erfahrungen und sendet diese an den Frontallappen, um den Körper dazu zu bringen, die gewünschten Chemikalien herzustellen. Die Folge davon ist eine endlose Feedback-Schleife von den Organen zum Gehirn und zurück. Unser internes Dauergespräch – der stete Strom an Bildern, Stimmen, Erinnerungen, halb- oder unbewussten Gedanken – dient also dazu, unsere Chemikalien auf dem vertrauten Level zu halten. Paradoxerweise ist es dabei egal, ob wir das Gefühl mögen oder nicht.

Wenn wir beschließen, etwas Neues zu denken, zu fühlen oder zu tun, dann reagiert der Körper mit einem Gefühl des Unbehagens (eine Art Entzugserscheinung) und der Irritation. Je unbewusster wir sind, desto stärker bestimmt der Körper unseren Geist. Wenn man aber diesen Mechanismus kennt und weiß, dass viele unserer Grundzustände „lediglich" biochemische Gewohnheiten und nicht eine angemessene Reaktion auf die Realität sind, dann fällt es sehr viel leichter, diesen Kreis zu durchbrechen und eine neue biochemische Gewohnheit, z.B. der Zuversicht, zu entwickeln. Ich persönlich habe auch die Erfahrung gemacht, dass *EFT* diesen Prozess sehr erleichtert und wenig oder keine „Entzugserscheinungen" bei diesem Übergang entstehen lässt.

Gene/Genexpression

Aber Gedanken und Einstellungen wirken nicht nur auf unser neurologisches und biochemisches System, sondern auch auf unsere Gene. Das ist eine relativ neue Erkenntnis. Während die Forschung früher davon ausgegangen ist, dass Gene unser Leben weitgehend bestimmen, wurde in den 1990er-Jahren der Beweis erbracht, dass die Erfahrungen, die wir machen, und die Umwelt, in der wir leben, auf die Gene eines Organismus zurückwirken. Das heißt, dass Gene auch durch Einstellungen und Erfahrungen an- und abgeschaltet werden und damit sehr viel flexibler sind, als bisher angenommen. Gene sind sozusagen das Eröffnungsangebot der Natur, bei dem wir aber viel mehr Verhandlungsspielraum haben, als wir dachten.

Der Forscher und Autor Dr. Dawson Church schreibt dazu in seinem Buch *Die neue Medizin des Bewusstseins*:

> *„Ein Faktor, der beeinflusst, welche Gene aktiv sind, sind unsere Erfahrungen, und das ist völlig unvereinbar mit der Doktrin des genetischen Determinismus.*
>
> *Doch unsere Erfahrungen an sich sind nur ein Teil der Erklärung: Wir nehmen die Fakten und Erfahrungen wahr und schreiben ihnen eine Bedeutung zu. Welche Bedeutung wir ihnen mental, emotional und spirituell verleihen, ist oft ebenso wichtig für die Genaktivierung wie die Tatsache an sich. Wir stellen nämlich fest, dass die Gene im Einklang mit unserem Bewusstsein „tanzen". Gedanken und Gefühle schalten Gengruppen in komplexen Mustern an und ab. Forscher entdecken derzeit, dass wir zwar eine festgelegte Gensequenz in unseren Chromosomen haben, doch welche dieser Gene aktiviert werden, hat viel mit unseren subjektiven Erfahrungen zu tun und*

> *damit, wie wir diese verarbeiten.“* (Church: *Die neue Medizin des Bewusstseins,* S. 23 f.)

Und der Forscher Dr. Carl Ratner von der Humboldt State University schreibt:

> *„Gene können einfache körperliche Merkmale wie die Augenfarbe direkt festlegen. Psychische Merkmale bestimmen sie jedoch nicht direkt. Für Letztere liefern Gene nur eine verstärkende Grundlage.“* (Ratner: „Genes and Psychology in the News“, in: *New Ideas in Psychology,* 2004)

Wir sind damit nicht mehr festgelegt auf die Fähigkeiten, aber auch Einschränkungen unserer Eltern und Großeltern, sondern können durch unsere Einstellungen und unser Bewusstsein aktiv etwas für unser Wohlbefinden und unsere Gesundheit tun.

Welche Auswirkungen haben unsere Programme auf uns und unser Leben?

Sehen wir uns jetzt noch einmal etwas genauer an, welche Folgen diese Programme für uns und unser Leben haben.

Das erste Problem, das durch unser „Leben auf Autopilot“ entsteht, ist Unbewusstheit. Das heißt, wir haben keine oder kaum willentliche Kontrolle über das, wer oder was wir sind. Wir funktionieren auf der Basis eines oft schon ziemlich veralteten Betriebssystems, das sehr viele negative Botschaften über uns und die Welt enthält. Diese Selbstbeschränkungen sind dafür verantwortlich, dass wir unsere Wünsche, Träume und Ziele und damit uns selbst nur eingeschränkt verwirklichen können und oft gar nicht wissen, wer wir wirklich sind. Und je unbewusster wir sind, desto schwieriger sind Veränderungen – dafür müssen wir ja zuerst bemerken, dass etwas nicht in Ordnung ist, und dann, *was* genau es ist und *wie* es zustande kommt. Das erfordert Bewusstsein. Solange wir unbewusst sind, merken wir zwar unterschwellig oder über den Körper bzw.

äußere Situationen, dass etwas nicht stimmt, können es aber nicht ausdrücken und auch nur sehr schwer etwas daran ändern.

Ein zweites Problem, das durch das „Leben auf Autopilot" entsteht, ist die Tatsache, dass viele unserer Programme nicht gut für uns sind. Zum einen, weil sie, wie gesagt, sehr viele negative Botschaften über uns und die Welt enthalten, die uns in unserer Entfaltung sehr einschränken, und zum anderen, weil sie oft nicht unserer eigenen Wahrheit entsprechen. Anders als beispielsweise Tiere müssen wir nicht alles durch direkte Erfahrung lernen, sondern können das Wissen und die Erfahrung anderer Mitglieder unserer Art übernehmen. Das ist für Sachinformationen wie das Bedienen eines Computers oder Telefons sehr sinnvoll, kann aber bei Einstellungen, Meinungen, Wahrnehmungen und Konzepten schwierig sein. Denn was ist, wenn diese Einstellung falsch ist oder nicht unserer Wahrheit entspricht? Dann wird unser Gehirn mit Fehlinformationen gefüttert. Und da wir in dem jungen Alter, in dem wir hauptsächlich vom Weltwissen anderer lernen, noch nicht überprüfen können, ob dieses Wissen gut für uns ist, haben wir eine Menge unüberprüfter, problematischer und widersprüchlicher Programme im Unterbewusstsein gespeichert, auf die wir immer wieder automatisch zurückgreifen.

Ein weiteres Problem ist, dass die neurologische Verarbeitungskapazität des Unterbewusstseins der des Bewusstseins haushoch überlegen ist. Während das Unterbewusstsein mehr als 20 Millionen Bits an Informationen in der Sekunde verarbeiten kann, sind es im Bereich des bewussten Wahrnehmens gerade mal 40. Wenn also unsere bewussten Wünsche den Programmen des Unterbewusstseins widersprechen, gewinnt immer das Unterbewusstsein. Das ist auch der Grund dafür, warum Affirmationen oft nicht funktionieren. Sie funktionieren dann, wenn das unterbewusste Programm und der bewusste Wunsch übereinstimmen, d. h. wir kongruent sind. Deshalb ist es so wichtig, dass wir uns zuerst mit unseren Programmen beschäftigen, *bevor* wir anfangen, mit neuen Zielen und Affirmationen zu arbeiten. Sonst können wir uns tausendmal sagen, dass wir liebenswert sind oder kein Asthma mehr haben – wenn uns als Kind immer wieder gesagt oder unterschwellig vermittelt wurde, dass wir wertlos und schwächlich und der Welt nicht gewachsen sind, wird das Unterbewusstsein alle bewussten Bemühungen untergraben. Das tut es nicht, weil es fies ist oder uns schaden möchte, sondern weil wir bei inneren Widersprüchen immer auf alte, vertraute Programme zurückgreifen.

Die biochemischen Folgen unserer unbewusst ablaufenden Programme – vor allem der negativen – für unseren Organismus haben wir weiter oben ja schon behandelt. Die chemische Signatur von Angst und Selbstablehnung ist eine ganz andere als die von Mitgefühl oder Selbstachtung, und das, was wir unbewusst gewohnheitsmäßig denken, verursacht unseren biochemischen Grundzustand. Negative Programme halten uns in Angst und Anspannung und verursachen chronischen Stress, während positive, auf Lösungen und Selbstunterstützung ausgerichtete Programme das Immunsystem stärken und die Zellgesundheit fördern (einmal abgesehen von dem vollkommen anderen Lebensgefühl, der dadurch entsteht).

Der letzte Punkt, auf den ich hier noch kurz eingehen möchte, ist der der unbewussten Resonanz. Je unbewusster wir sind, desto stärker werden wir von außen bestimmt. Jeder Reiz löst dann eine vorprogrammierte, reflexartige Reaktion aus und wir sind der Gnade der jeweiligen Umgebungsreize ausgeliefert. Natürlich sind äußere Bedingungen sehr wichtig dafür, ob wir uns wohlfühlen oder nicht, aber letzten Endes bestimmt das Bewusstsein unseren Zustand.

Je klarer, sortierter und „aufgeräumter" wir werden, je klarer wir unsere bewusste Aufmerksamkeit auf etwas richten können, desto stärker wird die bewusste Resonanz. Wir haben nicht mehr so viele Knöpfe, die die Umgebung drücken kann und unsere eigene Resonanz wird kongruenter und dadurch stärker (es gibt nicht mehr die vielen „Ja-Nein-Vielleicht"-Stimmen in uns, sondern nur noch ein klares Ja oder Nein). Auf diesen Punkt gehe ich später bei *Resonanz/Isomorphismus* noch einmal genauer ein.

Fassen wir noch einmal kurz zusammen: Wir haben gesehen, dass die Gehirnchemie, die wir täglich durch unsere eigenen Gedanken produzieren, bestimmt, wie wir uns fühlen. Jeder einzelne Gedanke oder jedes einzelne Gefühl setzt eine bestimmte Kaskade von biochemischen Stoffen in unserem Organismus frei und viele dieser Stoffe lösen genetische Veränderungen in unseren Zellen aus.

Das, was wir wiederholt denken und worauf wir unsere Aufmerksamkeit richten, bestimmt neurologisch, wozu wir werden, und dieses neurologische Muster sorgt wiederum dafür, dass wir mehr vom Gleichen denken und unsere Aufmerksamkeit darauf richten. Wenn ich glaube, dass ich ungeschickt bin, werde ich unsicher und dadurch ungeschickter. Ich merke mir die Gelegenheiten, bei denen mir etwas heruntergefallen ist, dann auch sehr viel besser als all die Gelegenheiten, bei denen ich meine Sache sehr gut gemacht habe. Das schafft eine Art Standardeinstellung (hoffnungslos, ungeliebt, dumm, selbstbewusst, optimistisch etc.), die unser ganzes Leben als Grundton begleitet und viele unserer Handlungen, Gedanken und Gefühle bestimmt. Deshalb ist es so wichtig, dass wir uns mit unseren unbewussten Programmen und Standardeinstellungen beschäftigen und bewusst neue, bessere und produktivere wählen – und ebenfalls zur Gewohnheit werden lassen.

Und ein Leben in Liebe hat einfach mehr Qualität als ein Leben in Angst.

Können wir uns verändern? Und wenn ja, warum ist es oft so schwer?

Lange Zeit lautete die Antwort auf den ersten Teil dieser Frage: „Ja, aber nur in engen Grenzen." Besonders in den Neurowissenschaften herrschte die Überzeugung, dass die Nervenbahnen im Gehirn eines Erwachsenen starr und unveränderlich sind und dass wir uns ab einem Alter von etwa 25 Jahren gehirnphysiologisch nicht mehr verändern. Diese Ansicht geht wiederum auf den spanischen Neuroanatom Santiago Roman y Cajal zurück, der sie 1913 in einem Grundlagenwerk veröffentlichte, und sie blieb fast 100 Jahre das Dogma der Neurowissenschaften.

In den letzten Jahren hat sich dieses Bild vom menschlichen Gehirn und seiner Formbarkeit allerdings stark gewandelt. Die Ergebnisse einer Reihe neuer Untersuchungen deuten darauf hin, dass unser Gehirn noch bis ins hohe Alter hinein extrem flexibel und wandelbar ist und dass ganze Bereiche sich strukturell und funktional verändern können. Das Gehirn verfügt über eine erstaunliche Fähigkeit zur Plastizität und kann sich neu formen und verschalten.

Der Begriff „Plastizität" wurde erstmals 1890 von William James, dem Vater der experimentellen Psychologie in den USA verwendet und wird heute oft als „Neuroplastizität" bezeichnet.

Neuroplastizität beschreibt unsere Fähigkeit, die Nervenzellen im Gehirn neu zu verschalten und neue herzustellen. Übersetzt in alltägliche Erfahrung entspricht das unserer Fähigkeit, unsere Meinung zu ändern, uns selbst und die Wahrnehmung der Welt um uns herum – das heißt unsere Realität. Wir sind nicht festgelegt auf das Gehirn, mit dem wir geboren werden, sondern sind in der Lage, selbst zu bestimmen, welche Funktionen wir verstärken und welche wir abschwächen möchten, welche Gefühle und Werte wir haben wollen und welche nicht.

Allerdings erfordern solche willentlich herbeigeführten Veränderungen des Gehirns Konzentration, Übung und Durchhaltevermögen. Und damit sind wir bei der Frage, warum es so schwer sein kann, mit dem Rauchen aufzuhören oder eine positivere Lebenseinstellung zu bekommen.

Warum ist es dann so schwer, sich zu verändern?

Wahrscheinlich haben Sie schon verschiedene eigene Erfahrungen mit neuen Zielen im Allgemeinen oder mit Affirmationen im Speziellen gemacht. Wie waren Ihre Erfahrungen?

Viele Menschen, die mit positivem Denken und Affirmationen gearbeitet haben, sind nach der anfänglichen Euphorie schnell enttäuscht und oft desillusioniert. Das Prinzip scheint vollkommen klar und einleuchtend zu sein, warum funktioniert es dann so oft nicht? Woran liegt das?

Einige Antworten auf diese Frage haben wir schon angesprochen: Zum einen ist es bequem, auf automatisch ablaufende, vertraute Programme zurückzugreifen, und je stärker wir unter Stress stehen, desto reflexartiger wird dieser Rückgriff. Zum zweiten haben wir eine biochemische Abhängigkeit vom Status quo und beides zusammen schafft unsere individuelle Komfortzone oder Standardeinstellung. Es gibt aber noch zwei andere Faktoren, die dazu beitragen, dass wirkliche Veränderung schwierig ist – Identität und ein ungeübter Geist.

Wir haben eine tief verwurzelte Angst, dass wir unsere Identität verlieren, wenn wir uns verändern. Das liegt daran, dass wir uns oft vollständig mit unseren Meinungen, Überzeugungen und Gedanken identifizieren. Aber das ist nur unser konditioniertes, neurochemisches Selbst und nicht unser wirkliches Selbst. Wir sind in Wirklichkeit viel mehr, als wir selbst glauben können: Unsere innere Würde, unsere Essenz und unser Bewusstsein sind zeitlos und unveränderbar und gehen weit über alle Konditionierungen hinaus.

Der zweite Faktor ist unser im Allgemeinen untrainierter Geist. Viele Menschen haben keine oder kaum die Fähigkeit zur Selbstreflexion und sind keine guten Beobachter – weder ihrer eigenen, inneren Vorgänge noch ihrer Umgebung. Wir haben zwar ein Großhirn und ein hoch entwickeltes Bewusstsein mitbekommen, aber leider keine Gebrauchsanleitung dazu.

Die Kennzeichen eines untrainierten Geistes sind:

- pausenloser Lärm
- Langeweile
- mentale Unruhe
- ungelenkte Aufmerksamkeit, die nicht länger als ein paar Sekunden auf etwas gerichtet werden kann, bevor sie sich im Nebel unzähliger Ablenkungen auflöst
- fehlende bewusste Kontrolle oder Einflussmöglichkeit auf Geistesinhalte.

Übungen

1. Atemzüge zählen

Setzen Sie sich bequem hin und atmen Sie einige Male tief ein und aus. Beginnen Sie nun, Ihre Atemzüge zu zählen, indem Sie beim ersten Einatmen „eins“ denken und beim ersten Ausatmen „eins“, beim zweiten Einatmen „zwei“ und beim zweiten Ausatmen „zwei“ usw.; machen Sie das so lange, bis Sie bei zehn angelangt sind. Wichtig dabei ist, dass Sie wieder von vorne beginnen, sobald Sie merken, dass Sie nicht mehr auf das Atmen konzentriert, d.h. gedanklich abgeschweift sind.

Wenn Sie diese Übung bewusst, ehrlich mit sich und aufmerksam durchführen, werden Sie feststellen, wie schwer es ist, über „drei“ hinauszukommen. Wir merken oft erst viele Gedanken später, dass wir abgeschweift sind und nur noch mechanisch oder überhaupt nicht mehr gezählt haben. Gleichzeitig ist diese Übung aber auch ein gutes Training für Konzentration und für waches Bewusstsein – wenn Sie sie regelmäßig durchführen, werden Sie feststellen, dass sich Ihre Konzentrationsfähigkeit deutlich verbessert und Sie sich immer länger auf den Atem fokussieren können.

2. Sich eine Blume vorstellen

Diese Übung ist der ersten ähnlich, nur dass wir uns hier nicht auf den Atem, sondern auf ein Bild vor unserem geistigen Auge konzentrieren. Stellen Sie sich einen Küchenwecker auf zwei Minuten und schließen Sie die Augen. Stellen Sie sich jetzt eine Sonnenblume oder Rose vor – wahlweise auch einen Baum –, und betrachten Sie dieses Bild interessiert. Achten Sie auf jedes Detail, wie Farbe, Anzahl der Blütenblätter, Hintergrund und Form der Blüte. Bleiben Sie die ganze Zeit, bis der Wecker klingelt, nur bei dieser Vorstellung und lassen Sie sich nicht von anderen Gedanken ablenken. Sollen Sie feststellen, dass Sie doch in Gedanken abgeschweift sind, stellen Sie sich den Wecker erneut auf zwei Minuten und fangen Sie wieder von vorne an. Sollten Blumen oder Bäume für Sie nicht so interessant oder schwierig sein, nehmen Sie etwas, das Sie interessiert, z. B. ein Motorrad oder eine Landschaft.

Auch hier werden Sie wieder feststellen, wie schwer es ist, sich zwei Minuten auf ein einzelnes Bild zu konzentrieren, selbst wenn Sie fest entschlossen sind, diese Übung richtig zu machen und Sie das Bild interessiert.

3. *Nicht* an etwas denken

Lesen Sie die folgende Liste durch und denken Sie dabei *nicht* an das jeweils Aufgeführte:

- rotes Feuerwehrauto
- gelber Briefkasten
- Wasserball
- Sonne

Obwohl auch hier Anleitung und eigener Wunsch klar sind, eben *nicht* an etwas zu denken, löst das Wort eine automatische Reaktion aus, auf die wir keinen bewussten Einfluss haben. Genau das Gleiche passiert, wenn wir nicht mehr an etwas aus der Vergangenheit denken möchten, es aber noch nicht wirklich verarbeitet haben, oder wenn wir „nicht mehr krank" oder „nicht mehr unzufrieden" sein möchten. Andererseits arbeitet dieser Mechanismus aber genauso auch für uns, wenn wir mit Worten wie „Liebe", „Glück" oder „Erfüllung" arbeiten, wie wir das im zweiten praktischen Teil tun werden.

4. Was wird mein nächster Gedanke sein?

Stellen Sie sich folgende Fragen und versuchen Sie, sie so gut wie möglich zu beantworten:

- Was wird mein nächster Gedanke sein?
- Was war mein vorletzter Gedanke?

Es ist erstaunlich, dass wir zum einen nicht wissen, was unser nächster Gedanke sein wird (obwohl es ja unser eigener ist), zum anderen aber auch nicht mehr wissen, was wir vor kurzem gedacht haben. Das zeigt, wie unbewusst wir normalerweise sind und welches Eigenleben unser (untrainierter) Geist hat.

Die Pharmakologin Connie Grauds bemerkt dazu:

> *„Ein undisziplinierter Geist verliert Lebensenergie in einem unablässigen Strom von Gedanken, Sorgen und verdrehter Wahrnehmungen, von denen viele aufwühlende Emotionen und degenerative chemische Prozesse im Körper auslösen."* (Grauds: *The Energy Prescription,* zitiert nach Church: *Die neue Medizin des Bewusstseins,* S. 30)

Die Kennzeichen eines trainierten Geistes dagegen sind:

- Klarheit
- Fokus
- die Fähigkeit, sich auf einen ausgewählten Geistesinhalt zu konzentrieren
- die Fähigkeit, Aufmerksamkeit schnell und wirksam zu wechseln
- Kontrolle und Wahl der Geistesinhalte
- die Fähigkeit, das eigene Verhalten zu beobachten, während es abläuft, zu unterbrechen und neue Verhaltensweisen zu entwickeln.

Unser Geist und Bewusstsein (und physisch der Frontallappen als Sitz des Bewusstseins) muss und kann durch mentales Training wie Meditation oder durch die im zweiten Teil vorgestellten Techniken, trainiert werden wie ein Muskel. Dass das nicht nur ein sprachlicher Vergleich ist, zeigt sich daran, dass ein trainierter Geist sich auch anatomisch von einem untrainierten Geist unterscheidet.

Besonders bei neuen Zielen und der Arbeit mit Affirmationen ist es ganz wichtig, dass wir uns lange genug und ohne die üblichen Ablenkungen auf dieses neue, innere Bild konzentrieren können. Je länger wir es in unserem Bewusstsein halten können, desto besser können wir unser Gehirn neu verschalten und desto einfacher ist es, andere Schaltkreise im Gehirn zu kontrollieren, die normalerweise die Ablenkungen hervorrufen bzw. unsere automatisch ablaufenden Programme starten.

Im nächsten Absatz werden wir uns damit noch etwas genauer beschäftigen und dieses Wissen dann im zweiten Teil praktisch umsetzen.

Wie funktioniert es, sich zu verändern?

Kommen wir jetzt zu dem Punkt, um den es in diesem Buch vor allem geht: Wie lässt sich dieses Wissen ganz bewusst und gezielt einsetzen? Wie funktioniert es, sich zu verändern?

Die wichtigsten Zutaten für Veränderung sind Bewusstsein, Intention und ein trainierter Frontallappen. Aber auch Faktoren wie emotionale Sicherheit, Spiritualität und Kongruenz spielen eine große Rolle.

Sehen wir uns diese Punkte noch einmal etwas genauer an, bevor wir dann zur Praxis übergehen.

Bewusstsein

Bewusstsein ist die wichtigste Voraussetzung, denn ich kann nur etwas ändern, das ich vorher bewusst wahrnehme. Wenn ich z. B. die Angewohnheit ändern möchte, jeden Satz mit einem „Äh" zu beginnen, muss ich vorher merken, dass ich sie habe. Und ich muss so wach sein, dass ich diese Angewohnheit auf frischer Tat ertappe, also während ich „Äh" sage. Nur dann kann ich mich bewusst entscheiden, es dieses Mal sein zu lassen, und das nächste Mal und auch das übernächste Mal – so lange, bis die Gewohnheit keine mehr ist und ich „Äh"-frei bin.

Allerdings ist diese Fähigkeit, wie gesagt, bei vielen von uns nicht gut entwickelt. Viele Menschen sind nicht oder kaum in der Lage, bewusst ihren Körper oder ihre eigenen inneren Vorgänge wahrzunehmen (z. B. einen Zeh von innen zu spüren, zu merken, ob und was man gerade fühlt, oder die eigenen Gedanken zu beobachten, anstatt mittendrin zu stecken). Das liegt an einem wenig aktiven bzw. trainierten Frontallappen.

Einige Funktionen des Frontallappens sind:

- Selbstbild
- Sitz des Bewusstseins
- Wahl
- Intention
- waches Bewusstsein

Der Frontallappen ermöglicht uns zu wählen, was wir denken, fühlen und tun möchten, und damit können wir unser Leben gestalten. Wir nutzen ihn jedoch oft nicht (wie gesagt: Es gibt leider keine Gebrauchsanleitung dazu), bzw. wenn wir ihn nutzen, dann nur für das endlose Wiederkäuen einer vergangenen Verletzung. Speziell im Präfrontalen Kortex liegt die Fähigkeit, unsere Automatismen und Programme, die wir unbewusst täglich erleben, zu unterbrechen – etwas, womit wir uns im zweiten, praktischen Teil noch ausführlicher beschäftigen werden.

Eine der wichtigsten Funktionen des Frontallappens ist, dass er uns hilft, unsere konzentrierte Aufmerksamkeit auf etwas, für das wir uns entschieden haben, zu fokussieren. Das klingt vielleicht nicht weltbewegend, ist es aber in der Praxis. Zum einen müssen wir uns mindestens fünf Sekunden auf etwas konzentrieren, damit es als Erinnerung abgespeichert werden kann (ich weiß, fünf Sekunden klingen wenig, aber je nachdem, womit Sie beschäftigt sind, können fünf Sekunden ziemlich lang sein).

Wenn Sie sich also auf ein neues Ziel und Ihre dazugehörige Affirmation konzentrieren, müssen Sie in der Lage sein, dieses Bild möglichst lange in Ihrem Bewusstsein zu halten, damit es wirklich neue neuronale Netze bilden und als neue Seinsweise abgespeichert werden kann. Und wenn wir aufmerksam und konzentriert sind (und damit der Frontallappen aktiv), dann beruhigt der Frontallappen alle anderen Bereiche im Gehirn, die uns normalerweise ablenken würden (unser permanentes internes Dauergespräch). Er „kühlt“ dabei nicht nur das herunter, was unsere Sinne an Informationen aufnehmen und weitergeben, sondern auch das limbische System, das für unsere Emotionen zuständig ist. Das sind Momente, in denen wir so auf etwas konzentriert sind, dass die Welt um uns herum buchstäblich verschwindet und Zeit und Raum zu einem zeitlosen Jetzt werden. Physiologisch wechseln wir dann von einem Beta- in einem Alpha- und schließlich in einem Theta-Zustand. Das Denken verlangsamt sich, wir verändern die Frequenz unserer Gehirnwellenmuster und können jetzt ungewollte Muster verändern, da wir uns in dem Bereich befinden, in dem sie abgespeichert sind. Wir können also in Eigenregie mithilfe des Bewusstseins und des Frontallappens alte, überholte und nicht förderliche neuronale Netze löschen und neue bilden.

Wenn wir diesen Teil des Gehirns voll nutzen, dann stimmen unser Verhalten und unsere Ziele überein, unsere Aktivitäten und unsere Intention. Körper und Geist sind dann eins und wir sind kongruent (siehe unten). Wir leben dann unser höchstes Maß an Bewusstsein und unsere Fähigkeit, die Realität objektiv zu betrachten. Wenn wir unseren Präfrontalen Kortex benutzen und kontrolliert einsetzen, können wir uns selbst erkennen, kontrollieren und damit unsere Zukunft bewusst gestalten.

Welches immense Potenzial dieses Aufmerksamkeitstraining haben kann, zeigen Untersuchungen von Schwartz zu Zwangsstörungen[8] und von Zindel, Segal, Teasdale, Williams zu Depressionen.[9] In beiden Fällen wurde untersucht, ob sich eine Bewusstseinsveränderung auf das subjektive Empfinden, das objektive Krankheitsbild, aber auch auf die neurologische Situation im Gehirn der Teilnehmer positiv auswirkt. Der wichtigste Teil des Trainings bei beiden Untersuchungen war, dass die Patienten sich ihrer eigenen Gedanken bewusst wurden und sie als Abläufe im Gehirn und nicht als absolute Wahrheiten einordneten. Immer, wenn z.B. ein zwanghafter Gedanke aufkam, trat der Patient innerlich einen Schritt zurück und sagte sich, dass sein Gehirn nur einen weiteren zwanghaften Gedanken produziert hatte, der nicht real und nur durch einen fehlerhaften Schaltkreis im Gehirn zustande gekommen war. Je öfter es den Patienten gelang, so zu denken und den zwanghaften oder traurigen Gedanken nur zu beobachten, ohne auf ihn zu reagieren (z. B. zu kontrollieren, ob alle Türen auch wirklich abgeschlossen waren oder nach Gründen zu suchen, warum sie traurig und deprimiert waren), desto mehr verbesserte sich ihr Zustand. Aber nicht nur das subjektive Empfinden hatte sich verbessert – PET-Bilder z. B. zeigten, dass bei den Patienten mit Zwangsstörungen die Aktivität im orbitalen Frontallappen, dem Kernstück des sogenannten Zwangsstörungs-Schaltkreises, im Vergleich zu vorher deutlich gesunken war.

Wille, Intention, Motivation

Bewusstsein ist das eine, eine Veränderung auch wirklich zu *wollen,* das andere. Oft haben wir unbewusste Einwände (manchmal auch bewusste, die wir uns nicht eingestehen) gegen eine Veränderung, und so lange diese nicht erkannt und gelöst sind, werden sie jede Bemühung verhindern oder zumindest sehr erschweren. Mit diesem Punkt werden wir uns im zweiten Teil noch ausführlicher beschäftigen. Aber auch wenn keine Einwände gegen eine Veränderung da sind – es kostet immer eine gewisse Mühe, Willenskraft und Durchhaltevermögen, alte Muster zu durchbrechen und mit neuen Zielen zu arbeiten. Techniken wie *EFT* und *The Work* können den Prozess zwar sehr erleichtern, regelmäßig an Ihren neuen Zielen arbeiten, müssen Sie aber trotzdem. Wie das Ganze dennoch zu einer angenehmen Erfahrung werden kann, werden wir im praktischen Teil sehen.

Aufmerksamkeit

Bewusstsein und Aufmerksamkeit sind nicht das Gleiche, bedingen sich aber gegenseitig. Aufmerksamkeit ist eine Funktion des aktiven Frontallappens, speziell des Präfrontalen Kortex, und kann trainiert werden wie ein Muskel. Veränderungen in unseren neuronalen Netzen treten nur dann auf, wenn wir dem Reiz, der diese Veränderung bewirkt, unsere volle Aufmerksamkeit schenken. Eine unkonzentriert gemurmelte Affirmation bewirkt also wesentlich weniger als die gleiche Affirmation, auf die wir uns bewusst und aufmerksam konzentrieren. Wenn wir unsere Aufmerksamkeit gezielt auf etwas richten, dämpft das gleichzeitig die Aktivität der Nervenzellen und Gehirnbereiche, die nicht auf das Ziel unserer Aufmerksamkeit konzentriert sind. Und das scheint einer der wichtigsten Faktoren für Neuroplastizität zu sein. Die neuen bildgebenden Verfahren haben gezeigt, dass Aufmerksamkeit kein psychologisches Konstrukt ist, sondern eine ganz reale Anatomie, Physiologie und Chemie besitzt.

Kongruenz

Ein ganz wichtiger Punkt für Veränderung und das Erreichen neuer Ziele ist Kongruenz. Kongruenz bedeutet, dass alle Ebenen in Ihnen – bewusst und unbewusst, Körper, Geist und Seele, Kleinhirn und Frontallappen –„Ja“ zu einer neuen Seinsweise sagen. Das ist normalerweise in Lebensbereichen, die uns Probleme bereiten oder nicht so sind, wie wir sie uns wünschen, nicht der Fall. Deshalb ist es ganz wichtig, unsere unbewussten Programme und Einwände zu erkennen, sie zu überprüfen und bei Bedarf zu lösen. Das Ziel ist, dass sowohl unser Unterbewusstsein als auch unser Bewusstsein einverstanden mit einer Veränderung sind und beide zur Verwirklichung an einem Strang ziehen. Dann stehen die Chancen sehr gut, dass sich positiv und dauerhaft etwas in uns und unserem Leben verändert.

Gottesverständnis

Ein Punkt, der mich bei der Recherche für dieses Buch am meisten erstaunt hat, war die Wirkung unseres Gottesverständnisses auf die Gesundheit und viele andere Lebensbereiche. Dabei ist hier das Vertrauen in etwas Größeres gemeint und keine feste Definition von dem Gott einer bestimmten Religion (ich könnte hier auch Lebenskraft oder große Intelligenz schreiben). Stuart Hameroff, einer der Pioniere in der Erforschung der Schnittstelle zwischen Quantenphysik und Bewusstsein, hat den Begriff der „säkularen Spiritualität“ geprägt, eine Spiritualität, die – auch auf wissenschaftlichem Weg – eine Rückverbindung zur fundamentalsten Ebene des Universums bedeutet und für viele Menschen, die Probleme mit den organisierten Religionen, aber trotzdem Vertrauen in etwas Größeres haben, vielleicht einen neuen und freieren Zugang ermöglicht.

Eine der Studien, die den Zusammenhang zwischen bestimmten (spirituellen) Überzeugungen und speziellen Veränderungen im Immunsystem untersucht, wurde von der Wissenschaftlerin Dr. Gail Ironson geleitet. Sie wollte wissen, wie sich bestimmte Überzeugungen auf das Immunsystem von Menschen mit einer AIDS-Infektion auswirkten und stellte dabei fest, dass es zwei wichtige Punkte gab, die entscheidend für den Gesundheitszustand der Teilnehmer waren, nämlich:

- wie die Patienten das Wesen Gottes sahen (strafend, unbeteiligt-distanziert, liebevoll-mitfühlend), und
- die persönliche Beziehung der Teilnehmer zu Gott.

Dr. Ironson sagt dazu:

> *„Wenn Sie glauben, dass Gott Sie liebt, so ist das ein Faktor, der enormen Schutz bietet, einen noch stärkeren Schutz als eine niedrigere Punktzahl bei Depressionen und eine hohe bei Optimismus. Der Glaube an einen wohlwollenden Gott schützt bereits, doch eine hohe Punktzahl bei der personifizierten Aussage „Gott liebt mich" ist noch stärker."* [10]

Und weil unsere Sichtweise von Gott sich so stark auf unsere Gesundheit auswirkt, lohnt es sich auf jeden Fall, die Gelegenheit zu nutzen, unsere eigenen Überzeugungen zu überprüfen, alten Ballast abzuwerfen und eigene, meiner Erfahrung nach sehr viel positivere, Erfahrungen zu machen. Das Gefühl von (emotionaler) Sicherheit und Unterstützung ist tragfähig und wertvoll und es ist es wert, aktiv danach zu suchen.

Zusätzlich zu diesen zentralen Aspekten gibt es noch einige, eher technische Hilfen für Veränderungen im Leben: Visualisierung, (freiwillige) Bewegung und das Herausgehen aus der täglichen Routine (die den Frontallappen einschläfert).

Visualisierung

Visualisierung bedeutet einfach, sich etwas lebhaft und intensiv vorzustellen. Interessanterweise kann unser Organismus nicht zwischen Erlebtem und lebhaft Vorgestelltem unterscheiden. Das ist von Nachteil, wenn Sie Angst vor dem Zahnarzt oder einer Prüfung haben, und sich die Situation basierend auf vergangenen Erfahrungen immer wieder ausmalen. Auf der anderen Seite ist es aber sehr von Vorteil für jede Art von innerer Arbeit. Wir können neue Verhaltens-, Denk- oder Fühlweisen so lange innerlich üben, bis sie vertraut und zu einer neurochemischen Gewohnheit werden. Je öfter wir das tun, desto selbstverständlicher wird sich diese neue Gewohnheit im Alltag zeigen und desto automatischer (diesmal im Guten) wird sie.

Dass Visualisierungen einen ganz ähnlichen Effekt auf die Bildung neuer neuronaler Netze und das Erlernen einer Fertigkeit haben wie tatsächliches Tun, zeigt ein Experiment von Alvaro Pascual-Leone aus der Mitte der 1990er-Jahre. Er brachte einer Gruppe von Freiwilligen eine Fünffinger-Tonfolge auf dem Klavier bei, die die Teilnehmer fünf Tage lang jeweils zwei Stunden üben sollten. Erwartungsgemäß wurden die Teilnehmer im Lauf der fünf Tage immer besser und eine bildgebende Untersuchung zeigte, dass sich der motorische Kortex, der für die Bewegung der Finger zuständig war, ausgedehnt hatte. Danach ließ er eine andere Gruppe von Freiwilligen nur an diese Übung denken und sich vorstellen, wie sie diese Übung auf dem Klavier spielten. Er stellte fest, dass der Trainingseffekt und die Veränderungen im motorischen Kortex die gleichen waren, wie bei denjenigen Teilnehmern, die tatsächlich auf dem Klavier geübt hatten.[11] Ein ausschließlich im Inneren stattfindender Prozess kann also eine verursachende biologische (und neurochemische) Wirkung haben. In dem Moment, in dem unsere Aufmerksamkeit ganz auf eine innere Vorstellung konzentriert und dieses Bild realer ist als unsere äußere Umgebung, fangen wir an, neue Verbindungen in unserem Gehirn zu schaffen.

Deshalb werden wir uns im zweiten Teil genauer mit dem Thema Visualisierungen beschäftigen und in die Arbeit mit Affirmationen einbeziehen.

Was diesen Prozess noch verstärkt, ist die Miteinbeziehung von Sinneseindrücken und Körpererinnerungen, (positiven) Emotionen und schon einmal gemachten, positiven Erfahrungen. Je mehr Sinneseindrücke wir bei der Visualisierung eines Bildes aktivieren können, desto mehr Gehirnareale sind aktiv. Außerdem verlaufen die Verarbeitungswege anders als bei einer reinen semantischen, d.h. abstrakten Vorstellung. Je mehr Emotionen (Freude, Aufregung, Stolz etc.) ich durch mein inneres Bild hervorrufe bzw. in dieses integriere, desto besser, da die neue Verhaltens- oder Seinsweise dann eine viel höhere Chance hat, in das Langzeitgedächtnis übernommen zu werden. Wir können uns Ereignisse und Erfahrungen, die mit starken Emotionen verknüpft sind, im Allgemeinen wesentlich besser merken als emotionslose.

Ein weitere Hilfe ist das Aktivieren und Anknüpfen an schon gemachte, positive Erfahrungen. Es ist viel leichter, assoziativ zu lernen, also aufbauend auf bereits bestehendes Wissen. Damit verstärken und verfeinern wir bereits bestehende neuronale Netze und müssen keine komplett neuen aufbauen.

(Freiwillige) Bewegung

Visualisierung muss nicht im Sitzen oder Liegen stattfinden – Untersuchungen haben gezeigt, dass (freiwillige) Bewegung die Anzahl neuer neuronaler Stammzellen erhöht, wodurch sich neue Neuronen im Gehirn bilden können.[12]

Neue Umgebung, neue Rituale

Das Überleben dieser neu gebildeten Neuronen wird durch eine anregende Umgebung verstärkt, das heißt eine Umgebung, die unsere Sinne und unsere Neugier anregt.

Das Gleiche gilt für unsere tägliche Routine: Je vertrauter eine Aktivität ist, umso inaktiver ist der Frontallappen und der Rest des Neokortex übernimmt die Aufgabe. Das heißt es ist wichtig, bewusst die Alltagsroutine immer wieder zu durchbrechen, Routinetätigkeiten wie Zähneputzen oder Schuhebinden einmal anders als gewohnt zu machen und die Welt mit frischen Augen zu sehen. Das hält unser Bewusstsein und den Frontallappen wach, verhindert, dass wir in unsere Automatismen zurückfallen und erleichtert so die Schaffung von ganz Neuem in unserem Leben.

Fassen wir noch einmal kurz zusammen:

Veränderungen sind möglich und wir können positive Zustände wie Glück, Liebe, Mitgefühl, Unterstützung und Entfaltung durch innere Arbeit und geistiges Training bewusst verstärken und kultivieren. Sie sind damit nicht in erster Linie ein Wesensmerkmal oder ein Zustand, den wir haben oder nicht haben, sondern auch eine erlern- und trainierbare Fähigkeit. Und es ist interessant, dass wir hier in der westlichen Welt sehr vieles trainieren, nur nicht unser Bewusstsein und unsere Emotionen.

Teil II
Praxis

Einleitung

Im zweiten Teil dieses Buches geht es jetzt darum, das Wissen aus dem ersten Teil in die Praxis umzusetzen. In sechs Schritten zeige ich Ihnen, wie Sie eine Affirmation bzw. ein neues Ziel formulieren, mögliche Einwände dagegen erkennen und lösen, um dann mit der Affirmation konkret arbeiten zu können.

Im ersten Schritt suchen Sie sich einen Lebensbereich oder ein Thema aus, den oder das Sie verändern möchten und zu dem Sie in Schritt zwei eine passende Affirmation formulieren. In Schritt drei testen wir dann die ausgesuchte Affirmation und achten auf eventuelle Einwände oder Widerstände. In den Schritten vier und fünf gehen wir diesen Einwänden (PU genannt, kurz für „Psychische Umkehrung") auf den Grund und überprüfen bzw. lösen sie mithilfe von *EFT* und *The Work*. Schritt sechs zeigt dann, wie Sie mit der – jetzt kongruenten – Affirmation konkret arbeiten können.

Abgerundet wird der zweite Teil mit häufig gestellten Fragen rund um das Thema Veränderung und Affirmationen.

Ich wünsche Ihnen viel Freude und Erfolg bei dieser Arbeit – es ist eine Arbeit, die Spaß macht, uns Schritt für Schritt näher zu uns bringt und ein wertvolles und effektives Instrument für eine echte Verbesserung des eigenen Lebens ist.

Schritt 1 – Einen Lebensbereich aussuchen, in dem Sie sich verändern möchten

Im ersten Schritt geht es darum, einen Lebensbereich oder ein konkretes Thema auszuwählen, bei dem Sie sich verändern möchten.

Wenn Sie schon direkt ein oder mehrere Themen wissen, mit dem oder denen Sie arbeiten möchten, dann machen Sie am besten eine Liste und ordnen Sie die Themen nach der Dringlichkeit oder der Größe Ihres Wunsches (also entweder das Dringlichste bzw. Problematischste oder der größte Herzenswunsch an erster Stelle, nachfolgend dann entsprechend die anderen Themen).

Wenn Sie noch nicht genau wissen, an welchem Thema Sie zuerst arbeiten möchten, dann können Sie die am Ende des Buches bereitstehende Tabelle ausfüllen: Vergeben Sie in jedem Lebensbereich Punkte, die angeben, wie Sie sich in diesem Bereich im Moment fühlen. 10 Punkte stehen für „Super, alles bestens“ und 1 Punkt für „Problematisch, läuft nicht gut“. In der Anlage auf S. 259/260 finden Sie diese Tabelle als Kopiervorlage – einmal zum Ausfüllen *vor* dem in Schritt sechs beschriebenen 6-Wochen-Programm, und einmal zum Ausfüllen *nach* Ablauf der sechs Wochen.

Schreiben Sie sich die Bereiche mit der niedrigsten Punktzahl heraus und ordnen Sie sie nach ihrer Priorität in Form einer Liste an.

Beispiel:

- Partnerschaft: 2 Punkte
- Gesundheit: 3 Punkte
- Finanzen: 3 Punkte

Ist-Zustand beschreiben

Beschreiben Sie dann den momentanen Ist-Zustand für den Bereich mit der niedrigsten Punktzahl bzw. der höchsten Priorität möglichst

- ehrlich,
- unzensiert und
- genau.

Hilfreiche Fragen sind dabei:

- Was genau stört, belastet, enttäuscht, beunruhigt oder fehlt mir in diesem Bereich?
- Was müsste anders sein?
- Sind andere Menschen an dieser Situation beteiligt? Wie müssten sie (nicht) sein, sich verhalten, damit sich die Situation verändert?
- Welchen Anteil haben Sie selbst an dieser Situation? Wic müssten Sie sein, nicht sein oder sich verhalten, damit sich die Situation verändert?
- Woran merken Sie, dass Sie sich in dieser Situation unwohl fühlen oder etwas verändern müssen? Sind es körperliche Symptome oder das Gefühl von Enge, Druck, Überforderung oder Stagnation?
- Erinnert Sie diese Situation und Ihre Reaktion darauf an etwas aus Ihrer Vergangenheit, vor allem aus Ihrer Kindheit bzw. familiären Situation?

Fragen könnten für die häufig genannten Bereiche Partnerschaft, Gesundheit und Finanzen z. B. diese sein:

Partnerschaft

„Ich bin unzufrieden mit meiner Partnerschaft. Wir sprechen kaum noch miteinander und leben eigentlich nur noch nebeneinander her. Ich sehne mich danach, dass wieder mehr Liebe, Interesse aneinander und Romantik in unsere Partnerschaft kommt. Ich weiß, dass das zum Teil auch an mir liegt, weil ich über die Jahre aufgegeben habe und ihm nicht mehr wirklich zuhöre. Aber zum großen Teil liegt es an ihm. Er hört mir nicht zu und interessiert sich überhaupt nicht für mein Leben und für mich. Er erzählt nur von sich, unterbricht mich ständig und es ist, als hätte ich überhaupt nichts gesagt. Ich bin frustriert, wütend und enttäuscht. Das Ganze erinnert mich an die Ehe meiner Eltern und ich möchte es gerne anders machen."

Gesundheit

„Meine Nackenmuskeln sind ständig verspannt, und wenn ich Sport mache, wird das zwar etwas besser, aber danach bin ich völlig erschöpft. Wenn ich keinen Sport mache, wache ich morgens vollkommen verspannt auf. Wenn ich sehr verspannt bin, wird mir manchmal schwindelig und ich habe Kreislaufprobleme. Wie soll das erst in zehn Jahren sein, wenn das jetzt schon so stark ist? Ich weiß wirklich nicht, was ich noch machen soll ..."

Finanzen

„Ich verdiene zu wenig. Es reicht am Monatsende einfach nicht. Ich versuche, sparsam zu sein, aber irgendwann ist auch da mal eine Grenze erreicht. Ich bin nicht bereit, mir alle Lebensqualität zu streichen, nur damit ich über die Runden komme. Ich muss mehr verdienen und muss versuchen, eine zusätzliche Einnahmequelle zu finden. Und vielleicht gibt es ja doch noch einen Posten, bei dem ich sparen kann, ohne dass es mir weh tut. Die Situation macht mir Angst und ich fühle mich hilflos und unfähig, meinen eigenen Lebensunterhalt zu verdienen. Ich weiß nicht genau, ob mich das an etwas aus meiner Kindheit erinnert – wir hatten immer genug, aber Geld war natürlich ein Thema."

Ziel-Zustand beschreiben

Beschreiben Sie jetzt den Ziel-Zustand, also das, was Sie gerne in diesem Bereich erreichen möchten und sich wirklich wünschen. Schreiben Sie es genau so auf, wie es Ihnen einfällt, und denken Sie ruhig groß. Sie brauchen weder auf den Satzbau noch auf die momentane Erreichbarkeit des Ziels achten – lassen Sie es einfach fließen. Das könnte dann beispielsweise so aussehen:

Partnerschaft

„Ich möchte wieder Tiefe, Romantik und Leidenschaft in meine Ehe bringen. Ich möchte, dass Peter und ich uns wieder mehr unterhalten und gemeinsam etwas tun. Ich möchte meine Türen, die ich zugemacht habe, wieder aufmachen, und ich wünsche mir, dass er das auch tut. Ich möchte gerne wieder das gleiche Gefühl haben wie ganz am Anfang unserer Beziehung."

Gesundheit

„Ich möchte keine Schulterverspannungen mehr haben. Ich möchte Sport machen können, ohne so erschöpft zu sein, und mit Freude, und nicht, weil ich es muss. Ich möchte eine Lösung für die Verspannungen finden (neue Matratze usw.), mit denen ich morgens aufwache. Ich möchte entspannte, gesunde Schultern- und Nackenmuskeln haben."

Finanzen

„Ich möchte mehr verdienen, als ich monatlich brauche. Ich möchte eine zusätzliche Einnahmequelle finden, die mir Spaß macht, und ich möchte im Überfluss und in Fülle leben, anstatt in diesem ständigen Mangel. Ich möchte, dass einmal mehr als genug von allem da ist."

Wenn es Ihnen schwer fällt, außerhalb der Grenzen der momentanen Situation zu denken, dann nehmen Sie einfach jeden Satz der

Beschreibung des Ist-Zustandes und verkehren Sie ihn in sein positives Gegenteil, z. B.:

Partnerschaft

„Ich bin unzufrieden in meiner Partnerschaft.“ → „Ich bin zufrieden und erfüllt in meiner Partnerschaft.“

„Wir sprechen kaum noch miteinander und leben eigentlich nur noch nebeneinander her.“ → „Wir sprechen viel miteinander und leben gemeinsam und miteinander.“

Gesundheit

„Meine Nackenmuskeln sind ständig verspannt, und wenn ich Sport mache, wird das zwar etwas besser, aber dann bin ich völlig erschöpft.“ → „Meine Nackenmuskeln sind entspannt und locker und ich mache so viel Sport, wie mir Spaß macht und gut tut.“

„Wenn ich keinen Sport mache, wache ich morgens vollkommen verspannt auf.“ → „Ich wache entspannt und erfrischt auf, egal, ob ich Sport mache oder nicht.“

Finanzen

„Ich verdiene zu wenig, es reicht am Monatsende einfach nicht.“ → „Ich verdiene immer mehr, als ich verbrauche.“

„Ich versuche, sparsam zu sein, aber irgendwann ist da auch mal eine Grenze erreicht.“ → „Ich lebe in innerer und äußerer Fülle und genieße mein Leben.“

Das ist eine gute Übung für die Formulierung neuer Ziele und Wünsche und die so gefundenen Sätze sind eine sehr gute Ausgangsbasis für den nächsten Schritt, bei dem wir eine Affirmation auswählen und/oder formulieren, mit der wir dann arbeiten.

Schritt 2 – Eine Affirmation formulieren oder auswählen

Sortieren Sie jetzt alle Aspekte Ihrer Ist-Situation bzw. Ihrer Ziel-Situation nach ihrer Wichtigkeit für Sie. Was ist das, was Sie sich in diesem Bereich am meisten wünschen? Was ist Ihr größtes Ziel, Ihr größter Wunsch?

Bei der Arbeit mit Affirmationen ist es wichtig, sich auf *ein* Ziel zu konzentrieren und eine gewisse Zeit damit zu arbeiten, bevor die Affirmation verändert oder eine neue ausgesucht wird. Zum einen braucht es unsere volle Aufmerksamkeit, um neue neuronale Netze zu bilden und wir müssen diese häufig bewusst aktivieren, damit sich die Synapsenverbindungen festigen und die neue Seinsweise in unser Langzeitgedächtnis übergehen kann. Zum zweiten ist es wichtig, dass wir uns intensiv, gründlich und umfassend mit den Einwänden und Hintergründen beschäftigen, die den momentanen Ist-Zustand hervorrufen, und es erschwert die Arbeit mit der Affirmation sehr, wenn wir diese Einwände nicht erkennen, untersuchen und loslassen. Und das geht besser, wenn wir uns auf einen Aspekt des Themas konzentrieren. Meiner Erfahrung nach ist es besser, ein Ziel gründlich und dauerhaft zu erreichen, als viele Ziele schnell, aber nur flüchtig. Sie können die anderen Themen und Erkenntnisse als Fundgrube für spätere Ziele nutzen.

Ein Beispiel für eine solche Liste nach Prioritäten ist:

1. Finanzen: finanzielle Situation
2. Partnerschaft: Unzufriedenheit
3. Gesundheit: Nackenverspannungen

Zu 1. (Aspekte):

1. mehr verdienen
2. zusätzliche Einnahmenquelle finden
3. Fülle statt Mangel

Zu 2. (Aspekte):

1. miteinander reden
2. mich wieder öffnen
3. das Gefühl wie am Anfang wiederfinden

Zu 3. (Aspekte):

1. entspannte und lockere Nackenmuskeln
2. fit nach dem Sport
3. Ursache für Verspannungen finden

Schreiben Sie dann die gefundenen Zielformulierungen daneben – sie bilden den Grundstock Ihrer Affirmation.

Beispiel

Zu 1.:

1. Mehr verdienen: *„Ich möchte mehr verdienen, als ich monatlich brauche.“/„Ich verdiene immer mehr, als ich verbrauche.“*

Zu 2.:

1. Miteinander reden: *„Ich möchte, dass Peter und ich uns wieder unterhalten und gemeinsam etwas unternehmen.“/„Wir sprechen viel miteinander und leben gemeinsam und miteinander.“*

Zu 3.:

1. Entspannte und lockere Nackenmuskeln: *„Ich möchte keine Schulter- und Nackenverspannungen mehr haben.“/„Meine Nackenmuskeln sind entspannt und locker.“*

Nehmen Sie jetzt das oberste Thema – also den wichtigsten Aspekt Ihres wichtigsten Lebensbereiches -, und formulieren Sie das Ziel als kurzen, affirmativen Satz. Tipps und Hilfen dazu finden Sie im folgenden Abschnitt.

Wie formuliere ich eine Affirmation?

Eine Affirmation hat einige wichtige Bestandteile, die wir uns im Folgenden genauer ansehen werde. Dazu gehören Aufbau – die Syntax oder Satzstellung -, Sprache sowie Inhalt in Bezug auf die Frage nach kleinen Schritten oder großen Zielen.

Aufbau/Satzstellung

Sehen wir uns zuerst den Satzbau bzw. Aufbau einer guten Affirmation an.

Wenn Sie zum ersten Mal mit Affirmationen arbeiten oder generell eher Schwierigkeiten haben, Wünsche und Ziele zu formulieren und auf den Punkt zu bringen, können Sie das folgende Baukastensystem verwenden. Es hilft, Ihren Wunsch klar und einfach zu formulieren und bietet Ihnen zu jedem Teil des Satzes verschiedene Möglichkeiten an, aus denen Sie nur noch das für Sie Passende auswählen müssen.

Affirmationsbaukasten

Die meisten Affirmationen sind nach folgendem, in der Praxis bewährten Muster aufgebaut:

Ich	**(Ihr Text)**	**(Ihr Text)**	**(Ihr Text)**
Subjekt	Verb	Adjektiv	Objekt
①	②	③	④

Zum Beispiel:

Ich	vertraue	–	mir und meinen Fähigkeiten.
Ich	verdiene	einfach und mit Freude	30 000 Euro im Jahr.
Ich	bin	gesund und voller Energie.	–

Sehen wir uns nun die einzelnen Bestandteile des Baukastens genauer an.

① Subjekt (Wer?)

Sagen Sie hier am besten „Ich". Das ist aktiver und kraftvoller als z. B. „Mein Leben", „Es ist" oder „Mein XY" (z. B. Idealgewicht).

Sie können die unterschiedliche Wirkung dieser Formulierungen direkt ausprobieren. Denken oder sprechen Sie zuerst mehrmals hintereinander

„Mein Geist ist klar und frei"

und achten Sie dabei auf die Wirkung, die diese Aussage auf Sie hat. Machen Sie das Gleiche dann mit

„Ich habe einen freien und klaren Geist".

Lassen Sie beides auf sich wirken, und nehmen Sie die unterschiedliche Wirkung auf Sie wahr. Was ist aktiver? Was spricht Sie mehr an?

Im ersten Satz liegt der Fokus mehr auf dem Geist, im zweiten auf Ihnen. Wenn Sie allerdings der erste Satz mehr angesprochen hat, können Sie natürlich auch gerne diese Formulierung für Ihre Affirmation wählen – es geht ja darum, dass die Affirmation für Sie persönlich optimal und stimmig ist.

② Verb (Aktivität)

Sehen wir uns jetzt den zweiten wichtigen Bestandteil unseres Baukastens an, das Verb. Möglichkeiten sind hier u.a.:

- bin
- habe
- kann
- will
- entscheide mich für
- öffne mich für die Möglichkeit
- anderes Verb, z.B. verdiene, löse, genieße ...

Jedes dieser Verben hat eine unterschiedliche Wirkung und Aussage in Bezug auf ein Thema. Während „Ich bin glücklich" sehr aktiv und definiert ist, kann „Ich öffne mich für die Möglichkeit, glücklich zu sein" für Sie vielleicht stimmiger und erreichbarer sein (siehe *Große Ziele oder kleine Schritte?*). Wählen Sie einfach das Verb, das für Sie und das jeweilige Thema richtig ist.

③ Adjektiv (Wie?)

Eine schöne Ergänzung sind folgende Adjektive, mit denen Sie sagen, *wie* Sie Ihr Ziel erreichen möchten. Ich persönlich verwende gerne „einfach und mit Freude" oder „ganz natürlich und leicht". Diese Ergänzung macht oft eine Affirmation erst stimmig und gibt ihr Energie und Leben. Probieren Sie die Ergänzungen in Ihrer Affirmation einfach aus oder finden Sie eigene, die für Sie passen.

- einfach
- leicht
- einfach und mit Freude
- mit Leichtigkeit
- mit Freude
- sicher
- sicher und leicht

- Schritt für Schritt
- vollkommen
- ganz/ganz und gar
- vollständig
- ab jetzt
- natürlich
- angemessen
- bedingungslos
- frei

④ Objekt (Wer, wessen, wen, wem?)

Sagen Sie hier, was genau Sie erreichen möchten. Das können Zustände wie Glück, Gesundheit oder Fülle, oder konkrete Dinge wie ein bestimmtes Einkommen, ein Wunschgewicht oder ein Punktestand beim Sport sein.

Es hat sich bewährt, am Anfang bei diesem Schema zu bleiben. Wenn Sie dann mehr Erfahrung im Formulieren von Affirmationen haben (das ist manchmal gar nicht so einfach, wie es auf den ersten Blick aussieht), können Sie gerne variieren. Beispiele dafür finden Sie in Teil III.

Sprache

Sprache ist ein ganz wichtiger Aspekt, denn Sprache ist einerseits Ausdruck dessen, was in uns vorgeht, schafft es andererseits aber auch. Das heißt Sprache und Bewusstsein beeinflussen sich gegenseitig. Wenn ich ein geringes Selbstwertgefühl habe, drückt sich das durch mein inneres Selbstgespräch (auch das sind ja ausformulierte Worte und Sätze) und durch meine Sprache aus, die damit aber gleichzeitig auch Signale an meinen Organismus senden und damit neurologisch und biochemisch mehr vom Gleichen produzieren.

Das Gute daran ist, dass ich aber umgekehrt auch genauso das eine nach und nach ändern kann, indem ich das andere ändere, denn Sprache ändert die Biochemie, die wiederum die Sprache hervorruft.

Sprache und gerade Affirmationen können damit, wenn sie stimmig und für mich kongruent sind, einen sehr positiven Einfluss auf diesen Feedback-Mechanismus nehmen, negative Schleifen unterbrechen und neue, positive Schleifen (neuronale Netze und Programme) schaffen.

Ein weiterer Aspekt von Sprache ist, dass das Unterbewusstsein vor allem in Bildern und Eindrücken denkt und damit arbeitet. Mit abstrakten Konzepten kann es dagegen wenig anfangen. Die Sprache des Unterbewusstseins ist die Vorstellung (nicht nur die visuelle – alle Sinne haben hier einen eigenen Vorstellungskanal) und es reagiert auf

- Vorstellung
- Wiederholung und
- emotionale Intensität.

Deshalb ist es wichtig, bei Affirmationen mit Wortbildern und „Wirkworten“ zu arbeiten – also Worten, die eine starke positive Ladung für Sie haben und viele schon vorhandene Synapsenverbindungen aktivieren. Die Worte der Affirmation sollten ein positives, inneres Bild wachrufen und Erinnerungen an eigene, positive Erfahrungen, sonst sind sie uninteressant für Ihr Unterbewusstsein. Da jedes Wort ja ein anderes neuronales Netz aktiviert – und dadurch mit eigenen Erfahrungen, Emotionen, Körperreaktion und Verhaltensweisen verbunden ist, ist es wichtig, dass die Affirmation in Ihnen eine uneingeschränkt positive Reaktion hervorruft (damit sind nicht die „Ja, aber“-Einwände gemeint, mit denen wir uns in den nächsten beiden Schritten beschäftigen).

Achten Sie deshalb ganz bewusst auf die Sprache und die Worte Ihrer Affirmation und nehmen Sie ihre Wirkung mit allen Sinnen und Ihrem ganzen Wesen wahr.

Zur Übung können Sie folgende Worte mehrfach laut sagen oder denken und dabei bewusst auf den Klang und die Wirkung auf Sie

(Bilder, Gefühle, Körperempfindungen, Assoziationen) achten. Lassen Sie sich nach jedem Wort ein wenig Zeit, bevor Sie zum nächsten Wort gehen.

- Glück
- Umarmung
- Sicherheit
- Liebe
- Steuererklärung
- Freiheit
- Konzept
- Kreativität
- Quelle
- Nacht
- Freude

Weiterhin ist es wichtig, dass die Affirmation einfach, klar und präzise formuliert ist. Zu diesem Punkt kommen wir im Folgenden noch einmal.

Kleine Schritte oder große Ziele?

Es gibt grundsätzlich zwei Möglichkeiten für Wünsche und Ziele: viele kleine Schritte oder ein großer Sprung.

Kleine Schritte bedeutet assoziatives Lernen, das heißt Sie bauen auf schon Bekanntem und bereits Erfahrenem zu einem Thema auf. Eine Formulierung wäre hier z.B. „Ich öffne mich für die Möglichkeit, jeden Tag mehr zu mir zu stehen" oder „Ich stehe Schritt für Schritt immer mehr zu mir und meinen Bedürfnissen". Diese assoziativen Affirmationen haben den Vorteil, machbar und realistisch zu sein und stimmen daher fast immer mit unserer inneren Ökologie überein. Und sie bauen auf schon Erlebtem auf, d.h., ein bestehendes neuronales Netzt kann aktiviert, ausgebaut und verstärkt werden, anstatt sich vollkommen neu bilden zu müssen. Der Nachteil ist, *dass* sie machbar und realistisch sind – manchmal fehlt also der „Wumms". Hier kann man aber mit Ergänzungen aus dem 3. Teil des Baukastens (Adjektiv/Wie) Abhilfe schaffen.

Die zweite Möglichkeit ist der große Sprung, das heißt wir arbeiten mit großen und bislang unbekannten Zielen. Ein Beispiel dafür wäre z. B. bei einer bestehenden chronischen Erkrankung „Ich bin vollkommen gesund!" oder „Jede meiner Zellen strahlt vollkommene Gesundheit aus!". Der Vorteil bei dieser Art der Affirmation ist, dass sie neu und begeisternd ist und dadurch unser Frontallappen aktiviert wird. Sie erweitern buchstäblich unseren Horizont, indem sie neue neuronale Netzte bilden und unsere neuronale Verschaltung umbauen. Der Nachteil ist, dass wir oft gegenlautende Erfahrungen oder Programme haben (PUs, siehe Schritt 4), die, wenn sie nicht erkannt und bearbeitet werden, die Wirkung der Affirmation stark blockieren oder einschränken – sie schalten sozusagen die Sicherung aus. Wenn Sie also mit großen Zielen arbeiten möchten, ist es wichtig, sich vorher bewusst mit den PUs (Einwänden und Programmen) zu beschäftigen – dann macht die Arbeit damit großen Spaß!

Die Unterscheidung zwischen assoziativen und neuen Affirmationen (FL, kurz für Frontallappen) kann sich sowohl auf die Formulierung, als auch auf den Inhalt der Affirmation beziehen:

Formulierung

Assoziativ	│	Ich öffne mich für die Möglichkeit …
	│	Ich entscheide mich …
FL	↓	Ich bin/habe/kann …

Inhalt

Assoziativ	│	Ich verdiene 30 000 Euro im Jahr.
	│	Ich verdiene 50 000 Euro im Jahr.
FL	↓	Ich verdiene 100 000 Euro im Jahr.

Welche der beiden Möglichkeiten Sie am besten für Ihre Affirmation wählen, hängt zum einen vom Thema und zum andern von Ihnen ab. Probieren Sie einfach beide Möglichkeiten (oder eine Zwischenlösung) aus und achten Sie darauf, was stimmig und begeisternd für Sie ist.

Wichtige Elemente einer Affirmation

Affirmation sollten folgende Kriterien erfüllen:

- kurz und prägnant
- stimmig (innere Wahrheit)
- begeisternd
- Wirkworte, Wortbilder
- kraftvoll, Energie gebend
- Präsens (Gegenwart)
- positiv

Einige dieser Punkte haben wir bereits besprochen, zu einigen anderen folgen hier noch einige Informationen.

Kurz und prägnant

Formulieren Sie Ihre Affirmation möglichst einfach, klar und prägnant. Ein guter Test dafür ist, ob Sie sie am nächsten Tag noch auswendig wissen und sagen oder denken können.

Um die unterschiedliche Wirkung einer langen und einer kurzen Affirmation wahrzunehmen, können Sie folgende Sätze mehrmals laut sagen oder denken und dabei auf ihre Wirkung auf Sie achten:

„Ich finde eine Aufgabe, die mir entspricht, und ich fülle sie mit Umsicht, Freude und Leichtigkeit aus."

„Ich gehe mit Freude meinen Weg."

Stimmig (innere Wahrheit)

Es ist wichtig, dass die Affirmation für Sie stimmig ist und mit Ihren inneren Werten übereinstimmt. Dass oft erst einmal Einwände gegen eine Aussage oder einen Wunsch entstehen, ist normal – entscheidend ist, ob diese Einwände nach einer Überprüfung gelöst oder wirklich berechtigt sind (wenn sie nicht mit Ihrer eigenen Wahrheit übereinstimmen).

Es gibt eine interessante Untersuchung des Neurologen Daniel Langleben, der an der medizinischen Fakultät der University of Pennsylvania in Philadelphia tätig ist. Er stiftete im Rahmen einer Studie Studenten zuerst zum Lügen an und dann zum Sagen der Wahrheit. Dabei verglich er mithilfe eines Kernspintomografen, was im Gehirn des Testpersonen vorgeht. Er kam zu dem erstaunlichen Ergebnis, dass Wahrheit der Grundzustand des menschlichen Gehirns zu sein scheint, wohingegen beim Lügen zusätzliche Bereiche aktiv werden, die die Wahrheit aktiv unterdrücken müssen. Lügen kostet also Energie, schafft einen inneren Kampf und hinterlässt Spuren im Gehirn.[13]

Eine Affirmation funktioniert also umso besser, je stimmiger sie für Sie ist und je mehr sie mit Ihren eigenen inneren Werten und Wahrheiten übereinstimmen (im Gegensatz zu den aufgeprägten Programmen). Dazu gehört häufig auch, dass das, was Sie sich wünschen, für Sie realistisch und machbar ist. Wenn Sie beim Denken oder Sagen Ihrer Affirmation sofort das Gefühl haben „Das stimmt doch überhaupt nicht!“, dann ist es besser, assoziativ und in kleineren Schritten voranzugehen.

Präsens

Im Allgemeinen ist es gut, den Wunsch oder das Ziel im Präsens zu formulieren. Wünsche, die in die Zukunft verlegt werden, bleiben auch gerne dort, weil das Unterbewusstsein damit wenig anfangen kann. Eine Ausnahme bildet die Formulierung zum Testen „Ich werde …“ (z.B. „glücklich sein“), mit der wir uns später noch beschäftigen.

Wem das „Ich bin/habe …" ein zu großer Schritt, ausgehend von Ihrer aktuellen Situation, ist, dann sind gute Möglichkeiten Formulierungen wie „Schritt für Schritt", „Ab jetzt" oder „Es/XY wird jeden Tag besser".

Sie können die Wirkung von Wünschen in der Zukunft im Gegensatz zu in der Gegenwart formulierten Aussagen an folgenden Sätzen selbst testen. Sprechen Sie jeden Satz wieder einige Mal laut aus oder lesen Sie ihn mehrmals durch und achten Sie auf die Wirkung auf Sie.

„Ich werde eine liebevolle Partnerschaft haben."

„Ich habe eine liebevolle Partnerschaft." (bei bestehender Partnerschaft)

„Ich finde (jetzt) eine liebevolle Partnerschaft." (bei der Suche danach)

Begeisternd

Affirmationen, die mit einer oder mehreren starken (positiven) Emotionen verknüpft sind, wirken auch stärker – je mehr und je stärkere Emotionen mit etwas verbunden sind, desto besser merken wir es uns. Je mehr Begeisterung und Freude die Aussage in Ihnen hervorruft, desto motivierter sind Sie, regelmäßig damit zu arbeiten und damit ein neues neuronales Netz aufzubauen und es so lange zu aktivieren, bis es zu einer neuen Seinsgewohnheit wird. Sie dürfen dabei gerne ein bisschen übertreiben – Sie werden sehen, wie viel Spaß das macht.

Die Wirkung eines Satzes mit weniger und die eines mit mehr „Wumms" können Sie anhand der folgenden beiden Sätzen selbst ausprobieren:

„Ich bin zufrieden mit meinem Beruf und tue dort das Beste, was ich kann."

„Ich liebe das, was ich tue, und fülle es vollkommen aus!"

Positiv

Zu diesem Punkt gibt es in der Literatur unterschiedliche Meinungen. Meiner Erfahrung nach müssen Affirmationen nicht unbedingt und zwanghaft positiv sein, sie sollten aber möglichst keine Verneinungen enthalten. Das Unterbewusstsein denkt sehr direkt und in Bildern und da hat das Wort „Glück“ eine andere (biochemische) Wirkung als „kein Unglück“.

Sie können die Wirkung selbst anhand der folgenden Sätze testen:

„Ich habe keine Kopfschmerzen mehr.“

„Mein Kopf ist klar und frei.“

„Ich habe einen freien, klaren Kopf.“

Bei Verneinung treten wir auf der Stelle und wissen nur, was wir nicht wollen. Was meiner Erfahrung nach sehr gut funktioniert, sind Aussagen, die das Problem benennen, dieses aber mit Loslassen kombinieren, also z.B. „Ich lasse meine Kopfschmerzen jetzt los“. Das benennt das Problem, enthält aber gleichzeitig auch eine Handlungsanweisung,die auf eine Lösung hinweist.

Im Allgemeinen sind aber positive Formulierungen besser, da das Unterbewusstsein Positives besser verarbeiten kann. Das liegt zum einen an der bereits genannten neurochemischen Wirkung von Worten bzw. der damit gespeicherten Emotionen, zum anderen daran, dass negative Formulierungen und besonders Verneinungen meist einen Widerspruch in sich enthalten. Das Unterbewusstsein kann zwar auch negative Formulierungen verarbeiten, positive sind aber sicherer und effektiver. Wir konzentrieren uns dadurch nicht auf das Problem, sondern auf die Lösung. So bleiben bei der Anweisung an den Kapitän eines Schiffes „Fahren Sie nicht nach Norden“ noch drei andere Möglichkeiten, während die Anweisung „Fahren Sie nach Westen“ eine klare Direktive ist.

Wenn Sie mögliche Konflikte oder Einwände schon vorher mit *EFT* oder *The Work* überprüft und gelöst haben, können Sie mit gutem Gefühl Ihre Affirmation positiv formulieren. Wenn Sie nur mit der Affirmation arbeiten, können Sie auch das Problem in der

Affirmation nennen, dann aber mit einer neuen Richtung (z. B. „loslassen“ oder „Schritt für Schritt verbessern“).

Generell ist aber der ultimative Test für Ihre Affirmation, ob sie sich für Sie stimmig anfühlt und Ihnen Kraft und Energie gibt. Dann ist alles in Ordnung und möglich.

Praxis

Setzen wir jetzt die Informationen in die Praxis um:

1. Liste: Ziel- bzw. Wunsch-Affirmation aussuchen

Suchen Sie sich für Ihr erstes Thema auf der Liste eine Affirmation aus dem 3. Teil dieses Buches aus, die genau Ihrem Wunsch oder Ziel für dieses Thema entspricht. Oder:

2. Affirmation selbst formulieren

Formulieren Sie eine eigene Affirmation. Dafür können Sie Ihre Zielformulierung für Ihr erstes Thema auf der Liste nehmen und sie mithilfe des Baukastens genau Ihren Bedürfnissen anpassen. Entscheiden Sie sich, ob Sie für dieses Thema lieber in kleineren Schritten, also assoziativ, arbeiten möchten, oder mit großen Zielen, die Sie begeistern. Das könnte z. B. so aussehen:

Beispiel:

1. Finanzen

    1. mehr verdienen

        → *„Ich verdiene 30 000 Euro im Jahr.“*

3. Überprüfen

Überprüfen Sie jetzt Ihre Affirmation anhand der folgenden Fragen:

- Ist sie kurz und prägnant?
- Drückt sie genau das aus, worum es mir wirklich geht?
- Stimmt sie mit meiner inneren Wahrheit überein?
- Bin ich inspiriert und ein bisschen aufgeregt? Gibt mir die Affirmation Kraft und Energie? Freue ich mich, wenn ich sie sage oder denke oder aufschreibe bzw. lese?
- Hat sie starke „Wirkworte“ und Wortbilder, die in mir eine positive Reaktion hervorrufen?
- Ist sie in der Gegenwart formuliert oder mit dem Zusatz „ab jetzt“?

4. Geht es noch besser, präziser, begeisternder?

Vielleicht möchten Sie noch ein Wort verändern oder austauschen, oder Sie stellen fest, dass es Ihnen eigentlich um etwas anderes geht, und Sie formulieren die Affirmation entsprechend um.

Beispiel:

1. Finanzen
    1. mehr verdienen
        → *„Ich verdiene* mit Freude *30000 Euro* und mehr *im Jahr.“*

5. Ist es wirklich das, worum es mir geht?

Überprüfen Sie jetzt noch einmal, ob die Affirmation wirklich das beschreibt, worum es Ihnen bei Ihrem Wunsch geht. Welchen Grundzustand möchten Sie mit Ihrem Ziel erreichen?

Wir möchten mit unseren Wünschen und Zielen oft nicht etwas Konkretes, sondern einen bestimmten Grundzustand erreichen – und das, was wir uns wünschen, erscheint uns als Mittel dazu.

Haben Sie sich schon einmal die Frage gestellt „Warum möchte ich 30000 Euro im Jahr verdienen?“. Auch wenn diese Frage für Sie im ersten Moment seltsam oder überflüssig klingt, so kann das, was diesem Wunsch zugrunde liegt, etwas vollkommen anderes sein. Antworten von Kursteilnehmern sind z. B.:

- Sicherheit
- Genuss/Lebensqualität
- Freiheit/Unabhängigkeit
- Anerkennung

Oder beim Thema Partnerschaft und der Frage „Warum möchte ich einen Partner?“:

- Nähe
- Austausch
- Bestätigung
- Sicherheit
- Leidenschaft/Romantik
- Familie

Wäre es nicht besser, direkt mit diesem darunter liegenden Wunsch nach einem bestimmten Gefühl wie Liebe oder einer bestimmten Erfahrung wie Sicherheit zu arbeiten, anstatt mit dem darüber liegenden Mittel (dass das erhoffte Gefühl oft überhaupt nicht wirklich in mir hervorrufen kann)?

Formulieren Sie Ihre Affirmation eventuell mit neuem Fokus auf den zugrunde liegenden Grundzustand noch einmal um. Beispiele dafür sind:

Sicherheit: *„Ich bin vollkommen sicher und geborgen, egal, wo ich bin und was ich tue (und egal, wie viel Geld ich habe oder nicht habe).“/„Ich werde unterstützt.“*

Genuss/Lebensqualität: *„Ich genieße das Leben in jedem Moment (nicht nur in denen, die mit Geld zu kaufen sind).“*

Freiheit/Unabhängigkeit: *„Ich bin frei, egal, was ich tue."*

Anerkennung: *„Ich mag mich und andere mögen mich."/„Ich bin wertvoll."*

6. Geht es noch größer und weiter?

Was ist die höchste Vision Ihrer selbst in Bezug auf diesen Lebensbereich bzw. auf dieses Thema? Wie würden Sie sich fühlen? Was würden Sie denken und tun? Wie sähe Ihr Leben aus?

Wenn Sie möchten, können Sie diese höchste Vision Ihrer selbst als Affirmation formulieren oder in Ihre schon bestehende Affirmation einbauen.

Schritt 3 – Testen

Jetzt geht es darum, die gewählte Affirmation zu testen. Dabei achten wir bewusst auf Einwände, Widerstände oder innere Konflikte zu unserer Aussage und stellen fest, wie groß der Grad der inneren Zustimmung ist. Dieser Schritt ist ganz zentral und je ehrlicher Sie hier sind, desto mehr haben Sie davon und desto besser wird später Ihre Affirmation greifen.

Jetzt geht es generell darum, *ob* etwas dagegen spricht, in Schritt 4 sehen wir uns dann an, was genau das ist.

Um festzustellen, ob alle Ebenen in Ihnen Ja zu dem neuen Ziel oder Wunsch sagen, gibt es zwei verschiedene Möglichkeiten: Sie können mit einem kinesiologischen Selbsttest arbeiten oder auf Körperempfindungen achten – die sogenannten somatischen Marker. In beiden Fällen wird die Intelligenz des Körpers von uns als Anzeigeinstrument genutzt, das uns den momentanen Grad der inneren Kongruenz oder Übereinstimmung mit unserem neuen Ziel anzeigt. Probieren Sie einfach beide Methoden aus und entscheiden Sie sich für diejenige, die Ihnen gefällt (oder verwenden Sie beide Methoden).

Kinesiologischer Selbsttest

Bei kinesiologischen Tests machen wir uns die Tatsache zunutze, dass unsere Muskeln, wenn wir unter Stress geraten, kurzzeitig abschalten oder sperren. Dafür stellen wir uns eine Frage wie „Ich will glücklich sein" und testen dann unsere (vor allem unbewusste)

Reaktion darauf. Ist die Aussage für uns richtig und stimmt sie mit unserer inneren Erfahrung und unseren Werten und Programmen überein, dann bleibt im Fall dieses Selbsttests der Muskel weich und beweglich. Gibt es irgendwelche inneren Konflikte, Einwände oder gegenlautende Erfahrungen zu dieser Aussage, dann reagiert unser Organismus mit Stress darauf und der Muskel schaltet ab.

Um mit dem Selbsttest zu arbeiten, strecken Sie Ihren ausgestreckten rechten Arm nach vorne, der Daumen zeigt nach unten (wie das klassische „Daumen-runter"-Zeichen). Sagen oder denken Sie dann einmal etwas Wahres (z.B. Ihren Vornamen „Ich heiße Ulrike") und drehen Sie gleichzeitig oder kurz danach den Daumen nach oben (wie das Anhalter-Zeichen). Merken Sie sich, wie weit der Daumen sich bis zum jeweilig möglichen Maximum nach oben bzw. außen gedreht hat, und drehen Sie ihn wieder nach unten in die Ausgangsposition.

Sagen oder denken Sie jetzt etwas Unwahres (einen falschen Vornamen, z.B. „Ich heiße Hans-Peter") und drehen Sie den Daumen wieder nach oben. Achten Sie auch hier wieder auf die Position des Daumens. Gab es einen Unterschied zwischen beiden?

Normalerweise ist es so, dass bei etwas Unwahrem, Unangenehmen oder für uns Stressigem die Muskeln kurz abschalten bzw. sperren, d.h., der Daumen lässt sich nicht so weit drehen wie bei etwas Kongruentem, Stimmigen oder für uns Wahren. Im ersten Fall sind die Muskeln weich und flexibel, unser Daumen geht also wesentlich weiter nach oben und außen. Der Grad der Offenheit zeigt dabei an, wie sehr wir mit der Aussage übereinstimmen, denn je weiter der Daumen nach oben-außen zeigt, desto stärker ist die innere Übereinstimmung.

Was bei kinesiologischen Tests etwas Routine erfordert, ist die Art der Fragestellung. So sollte der Muskel auf die Aussage „Ich will glücklich sein" ein anderes Ergebnis zeigen als auf die Aussage „Ich will nicht glücklich sein" (das Ziel ist eine Sperrreaktion auf die zweite und eine weiche, entspannte Reaktion auf die erste Aussage). Wenn Sie immer das gleiche Ergebnis bekommen, das Ergebnis unklar ist oder Sie Schwierigkeiten mit der Art der Fragestellung haben, dann empfehle ich Ihnen den folgenden Test: die somatischen Marker.

Somatische Marker

Wir haben bei jeder Frage oder Entscheidung einen untrüglichen Seismografen in uns, der uns sagt, ob etwas mit uns und unserer Wahrheit übereinstimmt oder nicht. Wir achten im Alltag nur selten darauf. Die somatischen Marker sind Körperempfindungen – meist im Solarplexus- oder Bauchbereich –, die uns zeigen, wenn wir Einwände, Widerstände oder einen inneren Konflikt in Bezug auf ein Thema haben.

Der Vorteil gegenüber dem kinesiologischen Selbsttest ist, dass wir damit einerseits unabhängig von einer Methode sind und andererseits – bei etwas Übung – sehr viel feinere Informationen über das Problem bekommen. Wir können so nicht nur wahrnehmen, *dass* Einwände da sind, sondern auch, welche genau das sind.

Um mit den somatischen Markern zu arbeiten, gehen wir genauso vor, wie beim kinesiologischen Selbsttest, das heißt, sprechen oder denken Sie zuerst Ihren richtigen Namen – „Ich heiße …" (richtiger Name) und formulieren Sie dann eine kleine Lüge „Ich heiße …" (falscher Name). Achten Sie dabei auf die unterschiedlichen Reaktionen in Ihrem Körper, besonders im Solarplexus- und Bauchbereich. Bei etwas, das wahr oder stimmig für uns ist, entsteht entweder keine Reaktion oder sogar ein Gefühl des Wohlbefindens und der Entspannung. Sagen oder denken wir etwas, das unwahr oder mit inneren Konflikten oder Widersprüchen für uns verbunden ist, entsteht dagegen ein Gefühl der Anspannung oder des Unwohlfühlens (das kann ein Druck, ein Kribbeln oder einfach ein „komisches Gefühl" sein). Sie können den Test noch einmal mit dem richtigen und dem falschen Wochentag und mit einer angenehmen Situation (z. B. ein besonders schöner Urlaub oder das Schmusen mit Ihrem Kind oder Partner) und eine unangenehmen Situation (z. B. Steuererklärung, Bügeln oder Zahnarztbesuch) durchführen. Je öfter Sie ihn machen, desto eindeutiger und informationsreicher wird er und Sie trainieren damit außerdem Ihr Körperbewusstsein, das eine wichtige Rolle bei positiven Veränderungen spielt.

Achten Sie bei beiden Tests bewusst auf Einwände oder „Nein-Stimmen“ – sie sind ganz wichtige und wertvolle Informationen Ihres Organismus. Wenn Sie diese Informationen übergehen, weil Sie schnell mit Ihrer Affirmation arbeiten möchten, dann übergehen Sie sich und eine große Chance, etwas viel Tieferes, das auch auf viele andere Lebensbereiche Auswirkungen hat, wirklich und dauerhaft zu lösen.

Testen Sie jetzt die Stimmigkeit Ihrer Affirmation mit einer der beiden Methoden und tragen Sie das Ergebnis dann in das unten stehende Schema ein.

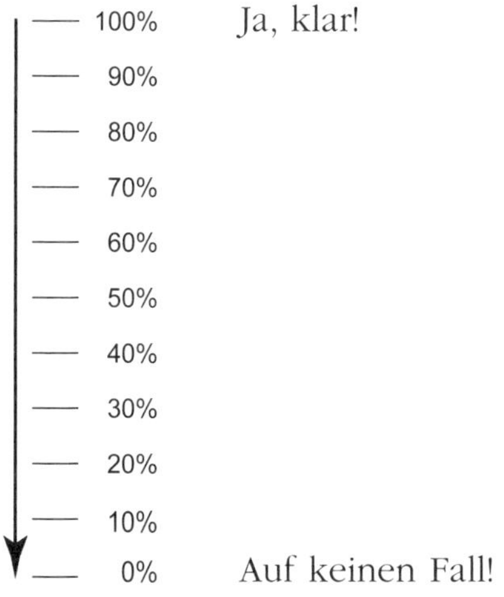

Wenn Ihre Affirmation zu 100 Prozent stimmig für Sie ist, dann heißt das, dass Ihr Bewusstsein und Unterbewusstsein einer Meinung sind und es nur noch einen neuen Impuls durch ein klar formuliertes Ziel braucht, um in eine neue Richtung zu gehen. In diesem Fall können Sie die nächsten zwei Schritte überspringen und direkt zu Schritt 6 weitergehen.

Liegt das Ergebnis unter 100 Prozent (was eher der Normalfall ist), dann gibt es noch (z.T. berechtigte) Einwände, gegenlautende Programme, Widerstände oder innere Konflikte zu diesem Ziel in Ihnen, mit denen wir uns in den nächsten beiden Schritten genauer beschäftigen werden.

Schritt 4 – Widerstände und Einwände (PUs) suchen

Während es in Schritt drei darum ging, *dass* (im Moment noch) etwas gegen Ihr neues Ziel spricht, werden wir uns jetzt genauer ansehen, *was genau* dagegen spricht (und meistens den momentanen Ist-Zustand verursacht).

Grundsätzlich können folgende Dinge gegen ein neues Ziel, eine neue Verhaltens-, Fühl- oder Denkweise, sprechen:

- Innere Einwände
- Innere Konflikte
- Innere Widerstände
- Eigene, gegenlautende Erfahrungen
- Grundüberzeugungen

Wir bezeichnen all diese bewussten und unbewussten Einwände oder Widerstände als PU. Der Begriff PU ist die Kurzform für Psychische Umkehrung und wurde von Roger Callahan, dem Pionier der Energetischen Psychologie, zu der auch *EFT* gehört, geprägt. Erlebt haben Sie eine PU schon, nämlich immer dann, wenn Sie etwas wollten, z.B. keine Chips mehr essen, mit dem Rauchen aufhören oder geduldiger mit der anstrengenden Kollegin sein, und es dann einfach nicht geschafft haben. Manchmal tun wir genau das Gegenteil davon oder es klappt nur selten und ist dann mit einer großen Willensanstrengung verbunden.

Eine PU wird in der Literatur manchmal als Selbstsabotage, Blockade oder Polaritätenumkehrung beschrieben. Meiner Erfahrung nach handelt es sich bei einer PU aber nicht um Selbstsabotage, sondern um einen im Grunde wohl meinenden Einwand, um einen Versuch, mich vor etwas zu schützen oder mir etwas zu ermöglichen, auch wenn das Ergebnis oft hinderlich oder im Fall von z.B. Rauchen oder starkem Übergewicht, gesundheitsschädlich sein kann. Es ist die Stimme, die den vertrauten (biochemischen) Status quo aufrechterhalten will. Als Bild können wir uns eine PU so vorstellen, dass ich bewusst beim Autofahren Gas gebe, dabei aber gleichzeitig unbewusst die Handbremse mit aller Kraft anziehe. Das Ergebnis kostet viel Kraft und Bremsbelag und führt keinen Zentimeter nach vorne. Wenn Sie unbewusst durch frühere Erfahrungen Schokolade mit Trost und Wohlbefinden verbinden, dann wird dieser Teil alles tun, um zu verhindern, dass Sie keine Schokolade mehr essen und Ihnen damit Trost und Wohlbefinden nicht mehr zur Verfügung steht. Dass Schokolade nicht wirklich tröstet, den Stress bei der Arbeit abbaut oder Einsamkeit löst und sogar noch ein Problem mehr schafft, weiß dieser Teil mit seiner oft noch sehr kindlichen Logik nicht. Die Intention einer PU ist also immer positiv, auch wenn es die Folgen oft nicht sind, und ich finde es wichtig, das anzuerkennen. Mit *EFT* steht uns ein sanftes, effektives Instrument zur Verfügung, das Leid, das die Basis jeder PU bildet, aufzulösen, anstatt mit aller Kraft zu versuchen, die PU mit Willenskraft oder Positivem Denken zu überwinden oder zu überdecken.

PUs lassen sich in verschiedene Gruppen von Themen einteilen:

- innere Konflikte
- Einwände in Bezug auf
  - Sicherheit
  - Erlaubnis
  - Identität verlieren
  - Loyalität

- Erwartungshaltung
- Vorwürfe gegen sich und andere

Sehen wir uns diese verschiedenen möglichen PUs einmal genauer an (wie Sie damit konkret arbeiten können, finden Sie im Folgenden bei „Praxis“).

Innere Konflikte

Ein innerer Konflikt ist uns meist bewusst oder zumindest latent bewusst und wir erkennen ihn an Gedanken wie „Ja, aber …“, „Einerseits-andererseits“, „Wenn ich …, dann …“, „Das geht nicht, weil …“.

Einwände in Bezug auf Sicherheit

Hier geht es darum, dass wir, meist unbewusst, das Gefühl oder die Angst haben, dass es nicht sicher für uns oder andere ist, wenn wir ein Problem oder eine Blockade überwinden. Wenn Sie z. B. die Erfahrung gemacht haben, dass es gefährlich ist, aufzufallen und attraktiv zu sein, dann kann es sich gefährlich und nicht sicher anfühlen, Gewicht zu verlieren. Oder Sie haben das Gefühl, dass es nicht sicher für andere ist, wenn Sie Ihre Schuldgefühle wegen einer Affäre verlieren, weil Sie es dann vielleicht wieder tun.

Testsätze für diesen Aspekt sind:

„Es ist nicht sicher für mich, …“

„Es ist nicht sicher für andere, …“

Erlaubnis

Ein großer Bereich bei PUs ist das Thema Erlaubnis. Es ist interessant, dass wir es uns selbst oft unbewusst nicht erlauben, etwas loszulassen oder zu überwinden (denken Sie dabei aber auch daran, dass immer eine positive Intention hinter einer PU steht). Oft sind die Gründe dafür Prägungen aus der Kindheit, die uns suggeriert haben, dass wir es nicht wert sind oder es nicht verdienen (und nichts könnte weiter von der Wahrheit entfernt sein, als das!).

Testsätze für den Bereich Erlaubnis sind:

„Ich darf nicht ...“

„Ich erlaube mir nicht ...“

„Ich verdiene nicht ...“

„Ich bin es nicht wert ...“

Identität verlieren

Ein ganz wichtiger Aspekt, der oft für tief sitzende PUs verantwortlich ist, ist die Angst, mit dem Problem auch einen wichtigen Teil der eigenen Identität zu verlieren. Wir sind neurologisch und biochemisch immer an der Aufrechterhaltung des Status quo und unserer Geschichte sowie Identität interessiert und das macht Veränderung so schwer. Solange unser Selbstgefühl von unseren Eigenschaften und subjektiven Sichtweisen der Wirklichkeit abhängt, anstatt von unserer zeitlosen Essenz, müssen wir an unserer Geschichte als Identität festhalten. Es ist wichtig, diese Angst, die sich sehr real anfühlt, anzuerkennen und die Gewohnheit, wir selbst zu sein, Schritt für Schritt zu verändern und neu auszurichten.

Testsätze für diesen Aspekt sind:

„Ich verliere einen Teil meiner Identität, wenn ich ...“

„Mir wird ein wichtiger Teil fehlen, wenn ich ...“

„Ich bin unglaubwürdig, wenn ich (plötzlich) ...“

Loyalität

Loyalität ist ein sehr interessanter, oft versteckter Aspekt, der häufig einen Widerstand gegen Veränderung hervorruft. Wir haben oft unbewusst das Gefühl, unsere Familie zu verraten, wenn wir z. B. als Einzige glücklich, erfolgreich oder gesund sind und eine funktionierende Partnerschaft haben. Oder jemand aus der Familie ist krank und wir haben das Gefühl, ihm oder ihr damit zu helfen, dass wir ebenfalls krank sind bzw. indem wir dafür sorgen, dass es uns nicht zu gut geht. Oft spielen hier „glass ceilings", also gläserne Decken, eine Rolle, die unsichtbar, aber undurchdringlich, festlegen, wie erfolgreich, gesund, liebevoll usw. Mitglieder einer Familie oder Gruppe sein dürfen. Oft haben Menschen ein schlechtes Gewissen, wenn sie erfolgreicher als ihre Eltern oder Geschwister sind, und entfalten deshalb nicht ihr volles Potenzial.

Testsätze für diesen Bereich sind:

„Ich verrate XY, wenn …"

„Ich kann nicht loyal XY gegenüber sein, wenn …"

Erwartungshaltung

Manchmal möchten wir ein Problem nicht loslassen, weil wir etwas von einer anderen Person (oder dem Leben, Gott) erwarten und der andere Part zuerst etwas tun muss. Diese Einstellung ist zwar sehr menschlich und verständlich, macht aber passiv und legt die Erfüllung unserer Wünsche in die Hand eines anderen. Wir haben dann – gefühlt – keinen Einfluss mehr darauf und fühlen uns hilflos, enttäuscht und ausgeliefert. Gesünder ist es, selbst aktiv zu werden und etwas sich selbst zuliebe zu tun oder loszulassen.

Ein Testsatz dafür ist:

„Auch wenn erst … passieren muss, damit ich …"

Vorwürfe gegen sich und andere

Selbstvorwürfe

Selbstvorwürfe sind eine häufige Blockade gegen positive Veränderungen. Viele Menschen haben das Gefühl, dass sie nicht gut genug dafür sind, glücklich zu sein oder zu viel Schuld auf sich geladen haben.

Testsätze für diesen Aspekt sind:

„Ich kann mir das (noch) nicht verzeihen."

„Ich will lieber weiter leiden, als mir zu vergeben."

Vorwürfe gegen andere

Neben Selbstvorwürfen können es auch Vorwürfe gegen andere sein, die eine Heilung und das Loslassen von Altem blockieren. Aber wir schaden damit letztendlich nur uns, selbst wenn die Vorwürfe berechtigt sind.

Testsätze für Vorwürfe gegen andere sind:

„Erst wenn XY sich entschuldigt hat, …"

„Ich kann XY das (noch) nicht verzeihen."

„Ich will lieber weiter leiden, als XY zu vergeben."

Praxis

Nehmen Sie jetzt Ihre Affirmation und testen Sie zuerst die generellen Testsätze („Ich will …/kann …" usw., siehe unten) und dann die spezifischen Testsätze („Ich habe es verdient …" usw.) mit dem kinesiologischen Selbsttest oder den somatischen Markern. Sie können sich die Testsätze, bei denen Sie nicht mit Ja oder einer vollständigen inneren Zustimmung testen (bei denen es also eine oder mehrere PUs gibt), herausschreiben oder sie im Buch markieren – wir arbeiten dann im nächsten Schritt damit weiter.

Die oben genannten PU-Sätze sind negativ formuliert und deshalb, zumindest mit dem kinesiologischen Selbsttest, etwas schwieriger zu testen. Wenn Sie möchten, können Sie aber natürlich auch mit diesen testen und arbeiten – schreiben Sie sich die Sätze mit der größten Zustimmung heraus und setzen Sie sie dann im nächsten Schritt (Schritt 5) bei *EFT* einfach in die Formel „Auch wenn ich …" ein.

Generelle Testsätze

Setzen Sie Ihre Affirmation in folgende Sätze ein und testen Sie Ihre innere Zustimmung dazu.

Ich

- will …
- möchte …
- kann …
- darf …
- werde …

Die beiden Worte „will" und „möchte" haben eine etwas andere Energie und werden deshalb hier getrennt aufgeführt.

Sie können den Grad Ihrer inneren Zustimmung in Prozent ausdrücken. (100 Prozent ist dabei eine vollständige, uneingeschränkte Zustimmung, während null Prozent das Gefühl „Das klappt ja sowieso nicht" oder „Nie im Leben" beschreibt.) Wenn Sie bei einer Aussage mit einer niedrigen Prozentzahl oder sogar null Prozent testen, heißt das nicht, dass das jetzt so ist und auch so bleibt. Es heißt nur, dass hier unbewusste Einwände oder gegenlautende Programme bestehen, die erkannt, anerkannt und überprüft werden möchten.

Beispiel

- „Ich will einfach und mit Freude 30000 Euro im Jahr verdienen." – 80%
- „Ich möchte einfach und mit Freude 30000 Euro im Jahr verdienen." – 70%
- „Ich kann einfach und mit Freude 30000 Euro im Jahr verdienen." – 10%
- „Ich darf einfach und mit Freude 30000 Euro im Jahr verdienen." – 90%
- „Ich werde einfach und mit Freude 30000 Euro im Jahr verdienen." – 20%

Spezifische Testsätze/PUs

Nachdem wir uns mithilfe der generellen Testsätze jetzt ein Bild davon gemacht haben, wie Sie grundsätzlich zu Ihrem neuen Ziel stehen, sehen wir uns jetzt an, welche spezifischen möglichen Einwände Sie unbewusst dagegen haben. Wir geben der PU sozusagen eine Stimme und untersuchen ihren – wie gesagt grundsätzlich wohl meinenden – Einwand oder Widerstand gegen eine Veränderung.

Setzen Sie dafür Ihre Affirmation in folgende Testsätze ein und achten Sie auch hier wieder auf den Grad der inneren Zustimmung.

- Ich verdiene es, …
- Ich bin es wert, …
- Ich erlaube es mir, …
- Ich darf …
- Es ist gut für mich, …
- Es ist gut für andere, …
- Es ist sicher für mich, …
- Es ist sicher für andere, …
- Ich möchte frei sein von …
- Ich habe alles, was ich brauche, um …
- Ich tue alles Nötige, um/für …

Beispiel

- „Ich verdiene es, einfach und mit Freude 30000 Euro im Jahr zu verdienen." – 50%
- „Ich bin es wert, einfach und mit Freude 30000 Euro im Jahr zu verdienen." – 90%
- „Ich erlaube es mir, einfach und mit Freude 30000 Euro im Jahr zu verdienen." – 60%

- „Ich darf einfach und mit Freude 30000 Euro im Jahr verdienen." – 70%
- „Es ist gut für mich, einfach und mit Freude 30000 Euro im Jahr zu verdienen." – 90%
- „Es ist gut für andere, wenn ich einfach und mit Freude 30000 Euro im Jahr zu verdiene." – 100%
- „Es ist sicher für mich, einfach und mit Freude 30000 Euro im Jahr zu verdienen." – 50%
- „Es ist sicher für andere, wenn ich einfach und mit Freude 30000 Euro im Jahr verdiene." – 100%
- „Ich möchte frei sein von diesem Mangel." – 100%
- „Ich habe alles, was ich brauche, um einfach und mit Freude 30000 Euro im Jahr zu verdienen." – 30%
- „Ich tue alles Nötige, um einfach und mit Freude 30000 Euro im Jahr zu verdienen." – 90%

Schreiben Sie sich hier wieder diejenigen Sätze mit dem stärksten Einwand (und der niedrigsten Prozentzahl) heraus. Wir werden uns damit im nächsten Schritt noch genauer damit beschäftigen.

Sehen wir uns jetzt an, welche Programme hinter jeder Psychischen Umkehrung (PU) stecken könnten.

Programme hinter den PUs finden

Wir versuchen jetzt, die hinter den PUs liegenden, unbewussten Programme und die im Kleinhirn bzw. Unterbewusstsein abgespeicherten Informationen zu erkennen.

Nehmen Sie sich dafür Ihre Affirmation und versuchen Sie möglichst viele Informationen zu dem Thema zu sammeln. Hilfreich sind dabei folgende Fragen (ich nenne sie Text A, da wir sie später wieder aufgreifen):

- Wie oder was denken Sie über diesen Bereich?
- Wie oder was denken Sie über sich in diesem Bereich?

- Wie sehen Sie hier Ihren Platz in der Welt?
- Wie, glauben Sie, müssen Sie auf die Welt in diesem Bereich reagieren?
- Wie wird erwartet, dass Sie auf die Welt in diesem Bereich reagieren?
- Wie reagieren Sie?
- Wie reagiert die Welt in diesem Bereich auf Sie?
- Was können Sie in diesem Bereich von anderen Menschen, vom Leben und von der Welt erwarten?
- Wie funktioniert Ihrer Meinung nach die Welt in diesem Bereich?

Beantworten Sie diese Fragen am besten schriftlich – dann können Sie im nächsten Schritt Ihre Antworten mithilfe von *EFT* oder *The Work* überprüfen und gegebenenfalls lösen. Achten Sie dabei besonders auf Grundüberzeugungen wie „Die Welt ist …“, „Ich bin …“ oder „Immer/Nie …“. Diese Grundüberzeugungen sind globale PUs und lassen keinen Raum für eine gegenlautende Erfahrung im Leben. Deshalb ist es so wichtig, Grundüberzeugungen zu erkennen, zu überprüfen und – wenn sie nicht hilfreich oder wahr sind – zu lösen.

Beispiel

Als Beispiel stelle ich Ihnen die Antwort einer Kursteilnehmerin zum Bereich „Finanzen“ vor:

- Wie oder was denken Sie über diesen Bereich?

  Es ist nicht genug da.
- Wie oder was denken Sie über sich in diesem Bereich?

  Es ist nicht genug für mich da.
- Wie sehen Sie hier Ihren Platz in der Welt? Wie, glauben Sie, müssen Sie auf die Welt in diesem Bereich reagieren?

  Ich mache nicht das Richtige und müsste wahrscheinlich mehr nach draußen gehen, Werbung machen usw.

- Wie wird erwartet, dass Sie auf die Welt in diesem Bereich reagieren?

  Ich weiß nicht, was von mir erwartet wird – vielleicht mehr Aktion und Dynamik.

- Wie reagieren Sie?

  Inneres Schwanken zwischen Lebensqualität und Angst/Sparsamkeit/Askese, Angst, für „unnötige" Dinge Geld auszugeben und die Miete nicht mehr zahlen zu können. Andererseits großzügig anderen gegenüber und bei als persönlich wichtig eingestuften Dingen wie Kultur.

- Wie reagiert die Welt in diesem Bereich auf Sie? Was können Sie in diesem Bereich von anderen Menschen, vom Leben und von der Welt erwarten?

  Gar nichts, es kommt nichts von außen. Oder nur wenig.

- Wie funktioniert Ihrer Meinung nach die Welt in diesem Bereich?

  Sie reagiert wahrscheinlich auch auf meine innere Einstellung und die Energie, die ich für diesen Bereich einsetze. Aber ich weiß nicht, wie ich das ändern soll. Von Nichts kommt Nichts, es ist nicht genug da und ich tue zu wenig.

Nach dieser Bestandsaufnahme sehen wir uns jetzt an, woher Ihre Überzeugungen und unbewussten Einstellungen in diesem Lebensbereich kommen können. Beantworten Sie auch diese Fragen am besten wieder schriftlich (wir nennen diese nun Text B, weil wir sie auch noch einmal aufgreifen):

- Wie sind/waren die Werte und Einstellungen Ihrer Eltern in diesem Bereich? Was können oder dürfen Mitglieder Ihrer Familie hier erreichen? Gibt es eine Ober- oder Untergrenze? Gab oder gibt es ungeschriebene Gesetze für diesen Lebensbereich? Wie war oder ist die generelle Einstellung Ihrer Eltern/Familie in diesem Bereich?
- Welche Erfahrungen haben Ihre Eltern in diesem Bereich gemacht?

- Welche Einstellungen, Überzeugungen und Erfahrungen haben Ihre Großeltern oder Vorfahren in diesem Bereich gemacht?
- Welche eigenen Erfahrungen haben Sie in diesem Bereich gemacht?

Beispiel

Hier wieder als Beispiel die Antworten der Teilnehmerin für den Bereich Finanzen:

Eltern waren Kriegsgeneration, sehr sparsam, sich selbst nichts gegönnt, Geld ist schwer verdient (und muss auch schwer verdient sein, damit es etwas wert ist), Angst – sparsam sein, keine „frivolen" Ausgaben, keine Freude an/mit Geld, Sicherheit, Absicherung, Pfand für angespannte, unbedingte Nicht-Abhängigkeit vom Staat/von anderen (bloß keine Almosen annehmen müssen, um etwas bitten müssen, niemandem zur Last fallen); Vorfahren: z. T. sehr arm, Arbeiter.

Eigene Erfahrungen: Seltsame Mischung aus Überfluss und Mangel, zeitweise sehr gut verdient, in letzter Zeit sehr wenig, je weniger Gedanken ich mir darum mache (machen muss), desto besser läuft es.

Schreiben Sie auch hier möglichst fließend und unzensiert und bewahren Sie Ihre Antworten für den nächsten Schritt auf.

Spezifische PUs versus Generelle/Globale PUs

Wir haben uns bislang die PUs angesehen, die sich speziell auf Ihre Affirmation beziehen (die „spezifischen" PUs). Daneben gibt es aber auch die sogenannten generellen oder globalen PUs, die sich auf grundsätzliche Zustände wie Glück, Liebe, Gesundheit oder Erfolg im Leben beziehen. Diese entstehen oft durch eine Prägung in der frühen Kindheit, in denen Kindern vermittelt wird, dass sie grundsätzlich nichts wert sind oder einen grundsätzlichen Fehler oder Mangel haben. Wenn solche globalen PUs im Weg stehen, blockieren oder erschweren sie zumindest die Arbeit mit einer speziellen

Affirmation oder einem einzelnen Lebensbereich (sie schalten sozusagen die Hauptsicherung aus). Wenn Sie bei der Übersicht über die Lebensbereiche überall relativ niedrige Punktzahlen hatten oder öfter Probleme mit Selbstwert oder Selbstliebe haben, dann lohnt es sich auf jeden Fall, auch die globalen PUs mithilfe der unten stehenden Testsätze zu testen. Aber auch wenn keine globale PU vorliegt, ist die Arbeit mit den Testsätzen eine sehr wertvolle Übung, die Ihr Lebensgefühl grundlegend verändern kann. Die meisten Menschen haben unbewusste Einwände gegen ein Lebensgefühl mit vorbehaltlosem Glück und wir können durch die Arbeit mit den Sätzen diesen PUs auf die Spur kommen und sie auflösen. Ich arbeite gerne in regelmäßigen Abständen etwa sechs Wochen lang mit den globalen Aussagen und merke, dass meine innere Zustimmung bzw. das „Daran-glauben-dass-es-möglich-ist" jedes Mal leichter und selbstverständlicher wird (und es ist erstaunlich, wie viele tief verborgene Einwände ich dann immer noch finde, auch wenn es immer weniger werden).

Sie können vorbereitend mit allen, mehreren oder einem ausgewählten Satz arbeiten (siehe Schritt 6).

Globale PUs

Globale PUs beziehen sich auf generelle Lebensaspekte wie Glück, Sinn, Erfüllung, Gesundheit, Freude, Liebe und Erfolg. Sie können hier wieder jede der Aussage mithilfe des kinesiologischen Selbsttests oder der somatischen Marker nach Ihrer inneren Zustimmung überprüfen. Schreiben Sie sich das Thema und den oder die schwächsten Aspekte innerhalb des Themas (wollen, dürfen, können usw.) heraus – wir werden dann im nächsten Schritt praktisch damit arbeiten.

Glück

- Ich will ein glückliches Leben leben.
- Ich kann ein glückliches Leben leben.

- Ich möchte ein glückliches Leben leben.
- Ich darf ein glückliches Leben leben.
- Ich werde ein glückliches Leben leben.

Fülle und Überfluss

- Ich will ein Leben in innerem und äußerem Überfluss und Fülle leben.
- Ich kann ein Leben in innerem und äußerem Überfluss und Fülle leben.
- Ich möchte ein Leben in innerem und äußerem Überfluss und Fülle leben.
- Ich darf ein Leben in innerem und äußerem Überfluss und Fülle leben.
- Ich werde ein Leben in innerem und äußerem Überfluss und Fülle leben.

Freude

- Ich will ein Leben in Freude leben.
- Ich kann ein Leben in Freude leben.
- Ich möchte ein Leben in Freude leben.
- Ich darf ein Leben in Freude leben.
- Ich werde ein Leben in Freude leben.

Gesundheit und Kraft/Energie

- Ich will ein Leben in Gesundheit und Kraft leben.
- Ich kann ein Leben in Gesundheit und Kraft leben.
- Ich möchte ein Leben in Gesundheit und Kraft leben.
- Ich darf ein Leben in Gesundheit und Kraft leben.
- Ich werde ein Leben in Gesundheit und Kraft leben.

Erfüllung

- Ich will ein vollkommen erfülltes Leben leben.
- Ich kann ein vollkommen erfülltes Leben leben.
- Ich möchte ein vollkommen erfülltes Leben leben.
- Ich darf ein vollkommen erfülltes Leben leben.
- Ich werde ein vollkommen erfülltes Leben leben.

Liebe

- Ich will ein Leben voller Liebe leben.
- Ich kann ein Leben voller Liebe leben.
- Ich möchte ein Leben voller Liebe leben.
- Ich darf ein Leben voller Liebe leben.
- Ich werde ein Leben voller Liebe leben.

Tiefe, Bedeutung, Sinn

- Ich will ein tiefes, bedeutungsvolles und sinnerfülltes Leben leben.
- Ich kann ein tiefes, bedeutungsvolles und sinnerfülltes Leben leben.
- Ich möchte ein tiefes, bedeutungsvolles und sinnerfülltes Leben leben.
- Ich darf ein tiefes, bedeutungsvolles und sinnerfülltes Leben leben.
- Ich werde ein tiefes, bedeutungsvolles und sinnerfülltes Leben leben.

Erfolg

- Ich will ein erfolgreiches Leben leben.
- Ich kann ein erfolgreiches Leben leben.

- Ich möchte ein erfolgreiches Leben leben.
- Ich darf ein erfolgreiches Leben leben.
- Ich werde ein erfolgreiches Leben leben.

Eigener Weg

- Ich will meinen Weg gehen.
- Ich kann meinen Weg gehen.
- Ich möchte meinen Weg gehen.
- Ich darf meinen Weg gehen.
- Ich werde meinen Weg gehen.

Wenn sich ein Satz sehr unwahr oder unbehaglich für Sie anfühlt, dann können Sie zusätzlich sein Gegenteil testen – z. B. „Ich will kein glückliches Leben leben" statt „Ich will ein glückliches Leben leben" oder einfach „Ich will ein unglückliches Leben leben". Es ist interessant, dass sich diese Aussage für uns manchmal sehr viel wahrer und natürlicher anfühlt, als sein positives Gegenteil, auch wenn der Umstand nicht gut für uns ist. Aber es ist ein sehr altes, häufig aktiviertes Programm, das uns vertraut und unser biochemischer Normalzustand ist. Es stimmt nicht wirklich, dass wir ein unglückliches Leben leben wollen, aber im Moment laufen noch einige unbewusste, unüberprüfte Programme im Hintergrund ab, die glauben, dass sie uns mit dieser Strategie irgendwie helfen oder die wir unüberprüft von unserer Umgebung übernommen haben.

Um diesen Programmen noch genauer auf die Spur zu kommen, können Sie Aussagen mit einer sehr niedrigen Prozentzahl noch einmal in folgende zusätzliche Testsätze einfügen. Sie zeigen noch präziser, welcher Einwand genau hinter dem Widerstand oder dem Unglauben steht und geben der PU damit eine eigene Stimme.

Zusätzliche Testsätze

- Ich verdiene es, … (z. B. „glücklich zu sein")
- Ich bin es wert, …
- Ich erlaube es mir, …
- Ich darf …
- Es ist gut für mich, …
- Es ist gut für andere, …
- Es ist sicher für mich, …
- Es ist sicher für andere, …
- Ich möchte frei sein von … (Gegenteil des Zustandes, z.B. Glück – Unglück oder Leid; Fülle – Mangel)
- Ich habe alles, was ich brauche, um …
- Ich tue alles Nötige, um/für …

Testen Sie auch hier Ihre Reaktion auf die Aussagen und markieren Sie diejenige/n mit dem größten Widerstand bzw. der niedrigsten Prozentzahl an innerer Zustimmung.

Im nächsten Schritt 5 werden wir praktisch mit unseren Einwänden oder PUs gegen unser neues Ziel arbeiten. Dadurch, dass wir sie anerkennen, überprüfen und gegebenenfalls lösen, schaffen wir die Voraussetzung für eine stimmige, kraftvolle Arbeit mit unserer gewählten Affirmation in Schritt 6.

Schritt 5 – PUs und Grundüberzeugungen klären

Wir haben uns in den letzten vier Schritten eine Affirmation herausgesucht und dann auf mögliche Einwände oder Widerstände dagegen geachtet. Sich diese Einwände oder PUs bewusst zu machen, ist ein ganz wichtiger Schritt, und deshalb kann ich Ihnen aus meiner Erfahrung nur raten, hier lieber zu gründlich zu sein, als eine wertvolle Chance zu übersehen. Ich weiß, dass es am Anfang frustrierend und erschreckend sein kann, wenn man merkt, dass und vor allem wie viele Widerstände gegen eine Veränderung und Verbesserung in einem vorhanden sind. Aber diese PUs sind da, ob Sie sie wahrhaben wollen oder nicht, und Sie können nur an denjenigen Dingen arbeiten, die Sie auch bewusst wahrnehmen. Eine sportliche und detektivische Neugier ist hier meiner Erfahrung nach die beste Einstellung. Und seien Sie stolz darauf, dass Sie sich jetzt mit diesen schwierigen Themen auseinandersetzen – das ist absolut keine Selbstverständlichkeit.

Sie entdecken mit jedem Einwand oder Widerstand einen Teil von sich neu, der lange unbewusst und verborgen war und dessen beachtliche Kraft die Handbremse angezogen hat. Wenn Sie diesen Teil bewusst wahrnehmen, sich mit seiner Botschaft beschäftigen und wieder – jetzt gereift – integrieren, wächst das Gefühl von innerer Integrität und innerem Frieden. Es gibt dann nicht mehr zahllose „Ja-Nein-Vielleicht-Stimmen“ in Ihnen, sondern nur noch eine, die dann in der Welt auch viel mehr erreichen kann, weil sie klar und kraftvoll ist.

Um das zu erreichen, werden wir in diesem Schritt unsere Einwände und PUs

- anerkennen,
- überprüfen,
- lösen.

Anerkennen

Sehr befreiend bei beiden der hier vorgestellten Techniken ist die Tatsache, dass wir ein Problem einmal offen aussprechen dürfen. Und im Gegensatz zu einfachem „Immer-wieder-erzählen“, das die Synapsenverbindungen weiter stärkt, lösen sich beim Sprechen und Klopfen (siehe *EFT*) bzw. Überprüfen die Synapsenverbindungen gleichzeitig auf und die neuronalen Netze bauen sich um (siehe Wirkhypothesen).

Überprüfen

Wie die Untersuchung des Neurologen Daniel Langleben gezeigt hat, ist unser Gehirn offensichtlich auf Wahrheit angelegt. Das Klopfen bzw. Überprüfen hilft, innere Wahrheit von Nicht-Wahrheit zu trennen. Dafür ist überhaupt keine weitere Anstrengung oder bewusste Analyse unsererseits notwendig, da unsere natürliche Tendenz immer hin zur (kongruenten und einfachen) Wahrheit geht. Unser Organismus ist grundsätzlich sehr daran interessiert, das Leid, das den meisten PUs oder Programmen zugrunde liegt, zu lösen und zu einem friedvollen, übereinstimmenden Grundzustand zurückzukehren.

Es gibt aber auch berechtigte Einwände wie: „Ich glaube nicht, dass ich immer glücklich sein kann und möchte, weil es dann seinen Wert und seine Besonderheit für mich verliert und mir bei so viel Dauerglück dann wahrscheinlich die Sicherungen durchbrennen.“

Suchen Sie in diesem Fall eine Affirmation, die für Sie als erstrebter Grundzustand stimmiger ist.

Lösen

Manchmal verändert sich etwas schon durch das Erkennen und Verstehen (vor allem dann, wenn wir in einem Gammazustand sind und/oder der Frontallappen sehr aktiv ist). Inzwischen gibt es viele effektive Methoden, die Muster wirklich, tief greifend und dauerhaft lösen, wobei die Techniken der Energetischen Psychologie, zu denen auch *EFT* gehört, meines Wissens nach die einzigen sind, die tatsächlich direkt auf der Ebene der Synapsenverbindungen wirken. Andere Techniken haben sicher einen ähnlichen Effekt, arbeiten aber eher auf der kognitiven oder Gefühlsebene, die dann wiederum eine Veränderung der neuronalen Netze zur Folge hat.

Die beiden Methoden, die ich Ihnen hier vorstelle, sind sehr effektiv für das Erkennen, Überprüfen und Lösen von Programmen; Sie können aber natürlich auch Ihre Lieblingsmethode anwenden. Wichtig ist nur, dass sie ein greifbares Ergebnis haben und Verschaltungen und Automatismen verändern.

EFT von Gary Craig

Was ist *EFT*?

EFT, abgekürzt für Emotional Freedom Techniques, ist eine sehr vielseitige und einfache Technik und dabei gleichzeitig eine der effektivsten Methoden, die ich kenne. Ich stelle sie Ihnen hier in einer etwas vereinfachten Form vor, die sich speziell auf das Lösen einer Psychischen Umkehrung bezieht.

EFT gehört zur Energetischen Psychologie (EP) oder energetisch orientierten Psychologie, einem relativ neuen Zweig der sogenannten lösungsorientierten Kurzzeittherapien. Es basiert auf den Erkenntnissen der Traditionellen Chinesischen Medizin (TCM) und kombiniert diese mit Elementen aus der Kognitiven Therapie. Pioniere dieser Richtung sind der Chiropraktiker Dr. George J. Goodheart, der die Kinesiologie entwickelt hat (zu der auch der kinesiologische Selbsttest gehört), und der Psychologe Dr. Roger Callahan, Entwickler der Callahan-Technique, auf der alle bzw. fast alle Techniken der EP basieren. Gary Craig hat daraus mit *EFT* eine einfache, wirkungsvolle und sanfte Technik entwickelt, die sich besonders gut für die Selbsthilfe eignet.

An *EFT* gefällt mir so gut, dass es eine der wenigen Techniken ist, die meiner Erfahrung nach wirklich an der Ursache des Problems arbeiten und es auf einer sehr tiefen Ebene lösen können. Die Methode scheint, genau wie die anderen Techniken der EP, sehr direkt auf die Verschaltungen innerhalb des Gehirns zu wirken und arbeitet damit auch physiologisch an der Ursache. Emotionen werden so z. B. von einer bestimmten Erinnerung entkoppelt und mit einer Entspannungsreaktion neu verschaltet.

Allerdings sind auch hier Geduld und Durchhaltevermögen notwendig. Es gibt zwar tatsächlich immer wieder die sogenannten „One-Minute-Wonders", in der Regel braucht es bis zur Lösung eines Problems aber länger – dafür ist es dann aber gründlich und dauerhaft gelöst.

Ich stelle Ihnen hier eine etwas vereinfachte Grundtechnik vor, mit der Sie sofort an Ihren PUs arbeiten können.

Wie geht *EFT*?

EFT ist eine sogenannte Meridian-Klopf-Technik, das heißt, wir klopfen sanft mit den Fingern auf bestimmte Punkte am Körper, die Schlüsselpunkte der wichtigsten Meridiane sind. Dabei sprechen oder denken wir gleichzeitig an ein Problem oder Thema – in unserem Fall an unseren Einwand. Den Ablauf einer EFT-Sequenz, die so oft wiederholt wird, bis sich die Belastung deutlich verringert oder löst, finden Sie hier kurz mit den wichtigsten Erklärungen zusammengefasst.

Schritt 1: Das Problem formulieren/Die PU nennen

Nehmen Sie einen der Testsätze, die eine niedrige Punktzahl oder auf den Sie eine starke innere Reaktion hatten, z. B. „Ich verdiene es, einfach und mit Freude 30 000 Euro im Jahr zu verdienen.", und wandeln Sie diesen Satz in sein Gegenteil um: „Ich verdiene es nicht, einfach und mit Freude 30 000 Euro im Jahr zu verdienen." Machen Sie das mit jedem herausgeschriebenen oder markierten Testsatz zur späteren Bearbeitung.

Schritt 2: Feststellen, wie sehr Sie das Problem im Moment belastet/Den SUD-Wert feststellen

Der SUD-Wert (für *Subjective Unit of Distress* = subjektive Stresseinheit) legt fest, wie sehr Sie das Thema oder Problem im Moment belastet. Dafür verwenden wir eine Skala von 0 (= überhaupt kein Stress, ich bin bei diesem Thema völlig entspannt) bis 10 (= das Thema macht mir total zu schaffen, schlimmer geht's eigentlich nicht mehr). Versuchen Sie vor jeder Klopfsequenz den SUD-Wert Ihres Problems zu bestimmen. Im Falle der PUs können Sie den Stresswert bestimmen oder den Wahrheitsgehalt, den der Satz im Moment für Sie hat. Das Ziel ist eine Verringerung des Wahrheitsgehaltes von einer hohen Zahl auf eine 1 oder 0 (das heißt, weg davon, dass Sie absolut oder sehr davon überzeugt sind, es nicht zu verdienen, hin zu einer entspannten Haltung und dem Gefühl „Das stimmt doch überhaupt nicht – natürlich verdiene ich es!").

Schritt 3: Korrektur einer möglichen psychischen Umkehrung

Normalerweise korrigieren wir bei Schritt 3 eine mögliche PU, also einen Einwand gegen eine Verbesserung oder Veränderung eines Problems, indem wir den sogenannten Handkantenpunkt (HK) auf der Außenseite der Handkante sanft mit den Fingern der anderen Hand klopfen und dabei mehrfach laut oder leise eine der folgenden Varianten sagen:

„Auch wenn ich ... (fügen Sie hier Ihren Einwand ein) *habe, liebe und akzeptiere ich mich voll und ganz."* oder

„Auch wenn ich ... (diesen Einwand) *habe, bin ich völlig okay."* oder

„Auch wenn ich ... (diesen Einwand) *habe, ist es völlig in Ordnung."*

In unserem Fall machen wir die PU selbst zum Thema und korrigieren einen möglichen Einwand gegen die Lösung des Einwands mit diesem Schritt. Praktisch sieht das z. B. so aus:

„Auch wenn ich glaube, dass ich es nicht verdiene, einfach und mit Freude 30000 Euro im Jahr zu verdienen, liebe und akzeptiere ich mich voll und ganz." oder

„Auch wenn ich glaube, dass ich es nicht verdiene, einfach und mit Freude 30000 Euro im Jahr zu verdienen, bin ich völlig okay." oder

„Auch wenn ich glaube, dass ich es nicht verdiene, einfach und mit Freude 30000 Euro im Jahr zu verdienen, ist es völlig in Ordnung."

Schritt 4: Klopfen der Meridianpunkte

Nach diesen Vorbereitungen – dem Set-up – fängt die eigentliche Klopfbehandlung an. Dafür klopfen wir sanft fünf bis acht Mal auf jeden der im Folgenden beschriebenen Punkte, wobei wir, quasi als Gedächtnisstütze, unser Problem bei jedem Punkt noch einmal in Kurzform nennen, z. B.: „Ich glaube, ich verdiene es nicht." oder „Es ist nicht sicher." Welche Hand Sie für das Klopfen nehmen oder auf welcher Körperseite Sie die einzelnen Punkte klopfen, ist dabei vollkommen egal.

AB: Augenbrauenpunkt

Dieser Punkt liegt an der Innenseite der Augenbraue, zwischen dem vorderen Ende der Augenbraue und der Nasenwurzel. Klopfen Sie diesen Punkt am besten mit zwei Fingern, wobei Sie einen Finger an den Anfang der Augenbraue und den zweiten an die Nasenwurzel legen.

SA: Seitlich des Auges

Dieser Punkt liegt außen auf dem Knochen der Augenhöhle – unterhalb der Augenbraue – etwa in gleicher Höhe wie die Pupille. Am besten klopfen Sie diesen Punkt, indem Sie den oberen Finger auf das Ende der Augenbraue und den unteren Finger auf den Knochen der Augenhöhle legen.

JB: Jochbein

Dieser Punkt liegt etwas unterhalb des Knochens am unteren Rand der Augenhöhle, direkt in der Mitte. Am besten klopfen Sie nicht direkt auf den Jochbogen, sondern etwas weiter unten auf den weichen Teil der Wange.

UN: Unter der Nase

Dieser Punkt liegt zwischen Nase und Oberlippe. Hier können Sie am besten mit einem Finger klopfen.

UL: Unter der Unterlippe

Dieser Punkt liegt auf der Mittellinie zwischen Unterlippe und Kinn, direkt auf dem Kinngrübchen.

SB: Schlüsselbeinpunkt

Dieser Punkt liegt an der Verbindung zwischen Brust- und Schlüsselbein. Wenn Sie das Schlüsselbein in Richtung Brustmitte entlang fahren, kommen Sie zu einem dreieckigen Knochenvorsprung, von wo aus das Brustbein nach unten abgeht. Klopfen Sie diesen weichen Bereich unterhalb des Knochens sanft mit vier Fingern.

UA: Unter dem Arm

Dieser Punkt liegt auf der Höhe der Brustwarze in der direkten Verlängerung der Achselhöhle. Klopfen Sie auch diesen Bereich mit vier Fingern und mit leichten Auf- und Abwärtsbewegungen.

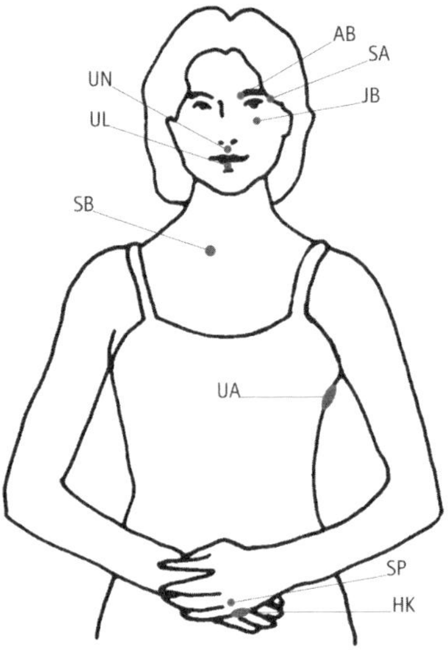

Schritt 5: Die Brücke

Bei der sogenannten Brücke oder Gehirnbalance klopfen wir mit drei oder vier Fingern einer Hand auf den sogenannten Serienpunkt, der sich auf dem Handrücken der anderen Hand genau in der Rille zwischen dem kleinen und dem Ringfinger befindet (siehe Abbildung). Gleichzeitig führen wir zuerst bestimmte Augenbewegungen aus, summen anschließend ein paar Takte, zählen bis fünf und summen dann nochmals. Die einzelnen Schritte sind die Folgenden.

Klopfen des Handrückenpunktes/Serienpunktes, dabei gleichzeitig:

- Augen schließen
- Augen öffnen
- Augen bei geradem Kopf gegen den Uhrzeigersinn kreisen

- Augen bei geradem Kopf im Uhrzeigersinn kreisen
- summen (üblicherweise die ersten Takte von „Happy Birthday“ – es kann aber auch etwas anders sein)
- Zählen (von 1 bis 5)
- summen (wieder einige Takte aus „Happy Birthday“)

Es ist dabei nicht wichtig, ob Ihre Augen zuerst nach rechts oder links kreisen – solange Sie beide Richtungen aktivieren. Die „Brücke“ aktiviert und verbindet die verschiedenen Bereiche unseres Gehirns, besonders die rechte (durch das Summen) und die linke Hemisphäre (durch das Zählen).

Jetzt fassen wir alle einzelnen Schritte zu einer vollständigen *EFT*-Klopfsequenz zusammen:

Schritt 1

Formulieren Sie Ihren Einwand.

Schritt 2

Stellen Sie fest, wie sehr Sie das Problem im Moment belastet oder wie wahr sich dieser Einwand im Moment für Sie anfühlt.

Schritt 3

Klopfen Sie den Handkantenpunkt. Sagen Sie dabei einige Male:

„*Auch wenn ich* … (fügen Sie hier Ihren Einwand ein) *habe, liebe und akzeptiere ich mich voll und ganz.*“ oder

„*Auch wenn ich* … (diesen Einwand) *habe, bin ich völlig okay.*“ oder

„*Auch wenn ich* … (diesen Einwand) *habe, ist es völlig in Ordnung.*“

Schritt 4

Klopfen Sie jetzt alle Punkte fünf bis acht Mal, während Sie bei jedem Punkt den Erinnerungssatz mit der Kurzform Ihres Einwands sagen.

Schritt 5

Führen Sie danach die Brücke durch.

Schritt 6

Klopfen Sie jetzt noch einmal alle Punkte.

Schritt 7

Überprüfen Sie jetzt, wie sehr Sie das Problem noch belastet oder wie wahr sich der Einwand jetzt noch anfühlt.

Um mit dem Ablauf und der Lage der Punkte vertraut zu werden, führen Sie die gesamte Sequenz von Schritt 3 bis 6 einmal „trocken", d.h. ohne ein Thema durch, bevor Sie mit Ihrer ersten PU beginnen. Als Platzhalter setzen Sie einfach „dieses Problem" ein.

Obwohl *EFT* sehr gut als Selbsthilfetechnik geeignet ist, hat es natürlich auch Grenzen. Wenn Sie merken, dass ein Problem zu groß, zu komplex oder zu belastend ist, dann empfehle ich Ihnen, einen erfahrenen *EFT*-Therapeuten oder -Anwender aufzusuchen.

Wirkungsweise

Es gibt verschiedene Wirkungshypothesen für die Wirksamkeit von *EFT* und der anderen Techniken der EP:

- energetisch/elektrisch (klassische energetische Wirkungshypothese): a) Aufhebung einer vermuteten Unterbrechung des Energieflusses innerhalb eines Meridians oder innerhalb von mehreren Meridianen (Gary Craig verwendet hier als Bild einen elektrischen Kurzschluss), b) piezoelektrischer Effekt

– biochemisch/neurohumoral (Erhöhung der Konzentration von Neuromodulatoren und Neurotransmittern wie GABA und wahrscheinlich Serotonin), Endorphinsekretion, führt zu einer Veränderung des emotionalen Erlebens
– neurologisch/neurobiologisch (alte Synapsenverbindungen lösen sich, neue werden gebildet), sogenannte „Verstörung“ alter neuronaler Netze, Reorganisation und Bildung neuer neuronaler Netze
– positive Wirkung auf das vegetative Nervensystem durch die Hemmung von Stress[14]

Meiner Ansicht nach schließen sich diese Hypothesen nicht aus, sondern beschreiben nur verschiedene Ebenen eines gemeinsamen Vorgangs. Auch wenn das „Wie“ im Moment noch nicht abschließend geklärt ist, so gibt es mittlerweile mehrere Studien, die die Wirksamkeit der Techniken der EP, vor allem bei Angststörungen, wissenschaftlich nachweisen.[15]

Praxis

Kommen wir jetzt zur praktischen Anwendung von *EFT.*

Nehmen Sie diejenigen Testsätze, die schwach getestet oder eine starke innere Reaktion in Ihnen ausgelöst haben. In unseren Beispielen waren das diese beiden allgemeinen Testsätze:

- „Ich kann einfach und mit Freude 30000 Euro im Jahr verdienen.“ – 10%
- „Ich werde einfach und mit Freude 30000 Euro im Jahr verdienen.“ – 20%

Und diese drei speziellen Testsätze:

- „Ich verdiene es, einfach und mit Freude 30000 Euro im Jahr zu verdienen.“ – 50%
- „Es ist sicher für mich, einfach und mit Freude 30000 Euro im Jahr zu verdienen.“ – 50%
- „Ich habe alles, was ich brauche, um einfach und mit Freude 30000 Euro im Jahr zu verdienen.“ – 30%

Verwandeln Sie jetzt alle Ihre Testsätze in das Gegenteil, also:

- „Ich kann einfach und mit Freude 30000 Euro im Jahr verdienen." – „Ich kann nicht einfach und mit Freude 30000 Euro im Jahr verdienen."
- „Ich werde einfach und mit Freude 30000 Euro im Jahr verdienen." – „Ich werde nicht einfach und mit Freude 30000 Euro im Jahr verdienen."

Und:

- „Ich verdiene es, einfach und mit Freude 30000 Euro im Jahr zu verdienen." – „Ich verdiene es nicht, einfach und mit Freude 30000 Euro im Jahr zu verdienen."
- „Es ist sicher für mich, einfach und mit Freude 30000 Euro im Jahr zu verdienen." – „Es ist nicht sicher für mich, einfach und mit Freude 30000 Euro im Jahr zu verdienen."
- „Ich habe alles, was ich brauche, um einfach und mit Freude 30000 Euro im Jahr zu verdienen." – „Ich habe nicht alles, was ich brauche, um einfach und mit Freude 30000 Euro im Jahr zu verdienen."

Wenn Sie noch mehr über Ihre PU erfahren möchten, dann eröffnen Sie jede Aussage mit einem „weil" – Sie wissen ja, dass Ihr Frontallappen offene Fragen liebt und dann begeistert im Archiv nach der Antwort sucht. Es ist sehr interessant, sich (vielleicht zum ersten Mal) damit zu beschäftigen, *warum* ich etwas nicht tun darf oder kann, und nicht nur bei der einfachen Aussage zu bleiben. Das sieht für unseren Beispielsatz z. B. so aus:

- „Ich verdiene es nicht, einfach und mit Freude 30000 Euro im Jahr zu verdienen, weil …"

Mit den Antworten, die Sie auf diesen offenen weil-Satz bekommen, können Sie genauso verfahren wie mit den umformulierten Testsätzen, das heißt, Sie können sie wie eine PU behandeln. Wenn Sie z. B. als Antwort erhalten haben „weil ich nicht genug dafür tue", dann ist das eine neue PU und ein eigener Satz.

Fügen Sie die Sätze jetzt in die *EFT*-Form „Auch wenn ich ...“ ein, z. B.:

- „Auch wenn ich nicht glaube, dass ich einfach und mit Freude 30000 Euro im Jahr verdienen kann, liebe und akzeptiere ich mich voll und ganz.“
- „Auch wenn ich nicht glaube, dass ich einfach und mit Freude 30000 Euro im Jahr verdienen kann, weil ich nicht genug dafür tue, liebe und akzeptiere ich mich voll und ganz.“
- „Auch wenn ich nicht glaube, dass ich einfach und mit Freude 30000 Euro im Jahr verdienen werde, liebe und akzeptiere ich mich voll und ganz.“
- „Auch wenn ich glaube, dass ich es nicht verdiene, einfach und mit Freude 30000 Euro im Jahr zu verdienen, liebe und akzeptiere ich mich voll und ganz.“
- „Auch wenn ich das Gefühl habe, dass es nicht sicher für mich ist, einfach und mit Freude 30000 Euro im Jahr zu verdienen, liebe und akzeptiere ich mich voll und ganz.“
- „Auch wenn ich nicht alles habe, was ich brauche, um einfach und mit Freude 30000 Euro im Jahr zu verdienen, liebe und akzeptiere ich mich voll und ganz.“

Sie können auch zusätzlich noch die Informationen aus den Fragen (Text A und Text B, siehe oben) in *EFT*-Sätze umformulieren und dann klopfen. Das wäre in unserem Beispiel zu Text A:

- Wie oder was denken Sie über diesen Bereich?

Es ist nicht genug da. → *„Auch wenn ich glaube, dass nicht genug da ist, liebe und akzeptiere ich mich voll und ganz.“*

Wie oder was denken Sie über sich in diesem Bereich?

Es ist nicht genug für mich da. → *„Auch wenn ich glaube, dass nicht genug für mich da ist, liebe und akzeptiere ich mich voll und ganz.“*

- Wie sehen Sie hier Ihren Platz in der Welt? Wie, glauben Sie, müssen Sie auf die Welt in diesem Bereich reagieren?

Ich mache nicht das Richtige und müsste wahrscheinlich mehr nach draußen gehen, Werbung machen usw. → *„Auch wenn ich glaube, dass ich nicht das Richtige mache und mehr nach draußen gehen müsste, liebe und akzeptiere ich mich voll und ganz."*

- Wie wird erwartet, dass Sie auf die Welt in diesem Bereich reagieren?

Ich weiß nicht, was von mir erwartet wird – vielleicht mehr Aktion und Dynamik. → *„Auch wenn ich nicht weiß, was hier von mir erwartet wird, liebe und akzeptiere ich mich voll und ganz"* und *„Auch wenn ich mehr Aktion und Dynamik zeigen müsste, liebe und akzeptiere ich mich voll und ganz."*

- Wie reagieren Sie?

Inneres Schwanken zwischen Lebensqualität und Angst/Sparsamkeit/Askese, Angst, für „unnötige" Dinge Geld auszugeben und die Miete nicht mehr zahlen zu können. Andererseits großzügig anderen gegenüber und bei als persönlich wichtig eingestuften Dingen wie Kultur. → *„Auch wenn ich innerlich schwanke zwischen Lebensqualität und Angst und Askese, liebe und akzeptiere ich mich voll und ganz."*

- Wie reagiert die Welt in diesem Bereich auf Sie? Was können Sie in diesem Bereich von anderen Menschen, vom Leben und von der Welt erwarten?

Gar nichts, es kommt nichts von außen. Oder nur wenig. → *„Auch wenn von außen nichts kommt, liebe und akzeptiere ich mich voll und ganz."*

- Wie funktioniert Ihrer Meinung nach die Welt in diesem Bereich?

Sie reagiert wahrscheinlich auch auf meine innere Einstellung und die Energie, die ich für diesen Bereich einsetze. Aber ich weiß nicht, wie ich das ändern soll. Von Nichts kommt Nichts, es ist nicht genug da und ich tue zu wenig. → *„Auch wenn die Welt wahrscheinlich auf meine innere Einstellung reagiert, ich aber nicht weiß, wie ich die ändern soll, liebe und akzeptiere ich mich voll und ganz."*

Und zu Text B:

„Eltern waren Kriegsgeneration, sehr sparsam, sich selbst nichts gegönnt, Geld ist schwer verdient (und muss auch schwer verdient sein, damit es etwas wert ist), Angst – sparsam sein, keine „frivolen“ Ausgaben, keine Freude an/mit Geld, Sicherheit, Absicherung, Pfand für angespannte, unbedingte Nicht-Abhängigkeit vom Staat/von anderen (bloß keine Almosen annehmen müssen, um etwas bitten müssen, niemandem zur Last fallen), Vorfahren: z. T. sehr arm, Arbeiter → *„Auch wenn meine Eltern zur Kriegsgeneration gehörten und sehr sparsam waren und sich nichts gegönnt haben, und mich das geprägt hat, liebe und akzeptiere ich mich voll und ganz.“* usw.

Eigene Erfahrungen: Seltsame Mischung aus Überfluss und Mangel, zeitweise sehr gut verdient, in letzter Zeit sehr wenig, je weniger Gedanken ich mir darum mache (machen muss), desto besser läuft es.“ → *„Auch wenn ich diese seltsame Mischung aus Überfluss und Mangel habe, liebe und akzeptiere ich mich voll und ganz.“* usw.

Wie lange und wie oft soll ich mit diesen PUs arbeiten?

Da das Ziel ja die Klärung von Einwänden, inneren Konflikten und gegenlautenden Programmen zu Ihrer Affirmation ist und zu jeder Affirmation und bei jedem Menschen unterschiedlich viele PUs vorhanden sind, lässt sich das nicht pauschal sagen. Es hat sich aber bewährt, etwa 14 Tage bei diesem Schritt zu bleiben und hier lieber zu gründlich als zu schnell zu sein. Denken Sie daran, dass Sie hier die wichtigste Arbeit für Ihr neues Ziel leisten – die Affirmation selbst ist dann sozusagen das Sahnehäubchen.

Nehmen Sie sich jeden „Auch wenn ich“-Satz von Ihrer Liste und bearbeiten Sie ihn mithilfe von EFT. Ich würde Ihnen empfehlen, sich jeweils einen Satz pro Tag vorzunehmen und mindestens drei Klopfdurchgänge damit zu machen oder so lange, bis Sie eine deutliche Reduktion des Stresswertes bzw. des gefühlten Wahrheitsgehaltes feststellen. Sollte Ihnen beim Klopfen noch etwas Neues zu dem Thema einfallen, wandeln Sie es ebenfalls in einen *„Auch wenn ich“*-Satz um und klopfen Sie auch zu diesem mehrere Durchgänge.

The Work von Byron Katie

Was ist *The Work*?

The Work ist eine Selbstbefragungstechnik, die von der Amerikanerin Byron Katie nach einem sehr einschneidenden Erlebnis entwickelt worden ist. *The Work* bestand ursprünglich aus vier Fragen, wurde im Lauf der Zeit aber von Byron Katie um einige weitere Fragen ergänzt. Ich persönlich finde *The Work* ganz besonders hilfreich bei festgefahrenen, als selbstverständlich empfundenen Konzepten (und genau das sind unsere Programme und Automatismen ja).

Das Schöne dabei ist, dass wir, außer uns die Fragen zu stellen, nichts tun müssen – Byron Katie sagt immer, dass wir unsere Konzepte und Geschichten nicht loslassen können, *sie* lassen *uns* los, wenn wir erkennen, dass sie nicht wahr für uns sind.

Byron Katie empfiehlt, *The Work* zuerst auf andere und die Welt anzuwenden, also z.B. auf „Mein Mann sollte mir besser zuhören.", und dann erst, mit einiger Erfahrung, auf eigene Themen. Deshalb stelle ich Ihnen hier zuerst die vollständige Version mitsamt dem Arbeitsblatt „Judge your neighbour" („Bewerte/beurteile deinen Nachbarn") vor, die wir später bei der Arbeit mit unseren PUs nicht brauchen, da wir die PUs ja schon erarbeitet haben.

Wie geht *The Work*?

Schritt 1

Suchen Sie sich eine bestimmte Person oder Situation aus, mit der Sie Schwierigkeiten haben und füllen Sie dann das folgende Arbeitsblatt aus. Ganz wichtig ist, dass Sie dabei völlig ungeniert und kleinlich sein dürfen – urteilen Sie hart und streng und versuchen Sie nicht, freundlich oder verständnisvoll zu sein. Je kleinlicher Sie hier sind, umso besser funktioniert diese Technik.

Arbeitsblatt

1. Wer oder was ärgert Sie, was macht Sie traurig oder enttäuscht Sie?
2. Was ist es genau, was Ihnen daran nicht gefallen hat oder immer noch nicht gefällt?
3. Wie soll er/sie/es sich ändern? Was wollen Sie von ihm/ihr?
4. Was genau soll er/sie tun oder lassen, sein, denken oder fühlen?
5. Brauchen Sie etwas von ihm/ihr? Was soll er/sie Ihnen geben oder für Sie tun, damit Sie glücklich sind?
6. Was denken Sie über ihn/sie? Machen Sie eine Liste.

Schritt 2

Überprüfen Sie jetzt jeden der Sätze und Aussagen von Ihrem Arbeitsblatt anhand der folgenden Fragen:

1. Ist das wirklich wahr?
2. Kann ich absolut sicher wissen, dass das wahr ist?
3. Wie reagiere ich auf diesen Gedanken? Wie fühle ich mich, wenn ich … denke?
4. Kann ich irgendeinen Grund sehen, diesen Gedanken loszulassen (und ich werde nicht gebeten, dies zu tun)?
5. Kann ich irgendeinen friedvollen Grund sehen, einen, der mir keinen Stress bereitet, an diesem Gedanken festzuhalten?
6. Wer wäre ich ohne diesen Gedanken? (Wer wäre ich, wenn ich nie wieder … denken könnte, z. B. „Peter sollte mir zuhören.“?)
7. Drehen Sie die Aussage um.

Byron Katie empfiehlt, die Überprüfung schriftlich zu machen. Wenn Sie schon etwas Erfahrung haben und sich gut konzentrieren können, können Sie *The Work* aber auch in Gedanken machen (ich mache die Überprüfung z. B. gerne beim Spazieren gehen oder bei langen Zugfahrten).

Wenn Sie noch nicht mit *The Work* vertraut sind, dann sind vielleicht folgende Kommentare zu den einzelnen Fragen für Sie hilfreich.

Zu 1:

Lassen Sie sich bei der Beantwortung dieser Frage Zeit und erforschen Sie, was für Sie wirklich wahr ist. Es gibt keine richtigen oder falschen Antworten, nur Ihre eigene. Generell ist hier jede Antwort – ja, nein, ich weiß es nicht – willkommen, wenn sie Ihrer inneren Wahrheit entspricht.

Zu 2:

Je nach Aussage kann damit auch gemeint sein:

- *Wie ist die Realität?* oder
- *Kann ich absolut sicher sein, dass es besser wäre, wenn …?*

Meistens ist die Antwort auf die erste Frage „Die Realität ist so, wie sie ist und nicht so, wie ich sie haben möchte" und auf die zweite Frage „Nein" oder „Ich weiß es nicht".

Zu 3:

Ergänzende Fragen hierzu sind

- *Wie behandele ich mich selbst dann?*
- *Wie behandele ich die Person?*
- *Was fühle ich im Körper?*

Ich finde es immer sehr hilfreich, wirklich zu spüren, was dieser unüberprüfte und meistens falsche Gedanke in mir anrichtet. Fast alle dieser Gedanken und Überzeugungen tun weh und rufen körperliche Symptome wie Druck, Enge oder Magenschmerzen hervor. Und ich behandele weder mich noch die beteiligte Person gut oder liebevoll.

Zu 4:

Die Tatsache, dass mir dieser Gedanke, diese Überzeugung weh tut und Stress verursacht, ist ein wunderbarer Grund ihn loszulassen.

Zu 5:

Wir glauben oft, dass wir Furcht und Stress als Motivation brauchen, und wir haben Angst, dass wir ohne sie passiv und selbstzufrieden werden. Aber stimmt das wirklich? Wir geben mit der Überprüfung ja nur unsere schmerzhaften Gedanken auf, nicht unsere innere Wahrheit. Das, was wir dadurch gewinnen, nämlich Klarheit und Freiheit, ermöglichst erst aktives Handeln, während das innere Chaos, das durch unsere stressigen, unüberprüften und oft gegen unsere Wahrheit gehenden Gedanken verursacht wird, uns lähmt und handlungsunfähig macht. Byron Katie sagt dazu „Was nimmt einem mehr von der eigenen Stärke: „Ich wünschte, ich hätte meinen Job nicht verloren." oder „Ich habe meinen Job verloren; was kann ich jetzt in dieser Situation tun?". Wenn ein Konzept oder Programm sehr zäh ist und Sie merken, wie schwer es Ihnen fällt es loszulassen, hilft immer die Frage „Hat dieser Gedanke/diese Überzeugung bisher geholfen, mein Ziel zu erreichen?". Die Antwort ist immer: „Nein, es hat bisher nicht funktioniert, also wird es das in Zukunft wahrscheinlich auch nicht tun."

Zu 6:

Es ist sehr interessant, dass hier ganz oft die Erkenntnis kommt, dass ich ohne den Gedanken schon genau den Zustand habe, den ich eigentlich durch den Gedanken (vergeblich) versuche zu erreichen.

Zu 7:

Für die Umkehrung gibt es mehrere Möglichkeiten (je nach Aussage und Zusammenhang):

- Ersetzen Sie „er/sie" durch „ich", z.B.: „Ich sollte meinem Mann besser zuhören." oder „Ich sollte mir besser zuhören."
- Setzen Sie in die Aussage „nicht" ein, z.B.: „Mein Mann sollte mir *nicht* besser zuhören."
- Bei Selbstbeurteilungen ist eine mögliche Umkehrung „mein

Denken“ statt „ich“, z. B.: Statt „Ich sollte freundlicher zu anderen Menschen sein.“ also „Mein Denken über mich sollte freundlicher sein.“ oder „Mein Denken über andere Menschen sollte freundlicher sein.“

- Bei der Arbeit mit unseren PUs gibt es oft nur eine Umkehrung – interessanterweise nämlich genau den ursprünglichen Testsatz! Manchmal ergibt auch „Mein Denken …“ Sinn, wie bei „Mein Denken verdient es nicht, …“.

Nicht immer wird jede Umkehrung zutreffen – probieren Sie einfach möglichst viele Varianten aus. Es ist sehr interessant, dass die Umkehrung oft sehr viel wahrer ist als die ursprüngliche Aussage.

Wirkungsweise

Mithilfe dieser einfachen Fragen ist es möglich, Gedanken und Überzeugungen – Byron Katie nennt sie „Geschichten –, die uns Stress und Leid verursachen, zu überprüfen und dadurch zu lösen. Das Ziel ist innere Klarheit und Freiheit von Programmen sowie eine unverzerrte Wahrnehmung der Realität ohne eine automatische, reflexartige Reaktion darauf.

Wie schon gesagt, unser Gehirn scheint auf Wahrheit ausgelegt zu sein und es kostet weniger Energie, Gedanken zu haben, die mit unserer inneren Wahrheit übereinstimmen, als solche, die es nicht tun.

Durch die offenen Fragen wird außerdem der Frontallappen aktiv, was ja für die Reorganisation alter und die Bildung neuer neuronaler Netze sehr wichtig ist.

Praxis

Wenden Sie *The Work* zuerst einige Male auf andere und die Welt an, bevor Sie sich Ihren PUs zuwenden.

Nehmen Sie dafür diejenigen Testsätze, die Sie schwach getestet oder die eine starke innere Reaktion in Ihnen ausgelöst haben.

In unseren Beispielen waren das diese beiden allgemeinen Testsätze:

- „Ich kann einfach und mit Freude 30000 Euro im Jahr verdienen." – 10%
- „Ich werde einfach und mit Freude 30000 Euro im Jahr verdienen." – 20%

Und diese drei speziellen Testsätze:

- „Ich verdiene es, einfach und mit Freude 30000 Euro im Jahr zu verdienen." – 50%
- „Es ist sicher für mich, einfach und mit Freude 30000 Euro im Jahr zu verdienen." – 50%
- „Ich habe alles, was ich brauche, um einfach und mit Freude 30000 Euro im Jahr zu verdienen." – 30%

Verwandeln Sie jetzt alle Ihre Testsätze in das Gegenteil, also:

- „Ich kann einfach und mit Freude 30000 Euro im Jahr verdienen." → „Ich kann nicht einfach und mit Freude 30000 Euro im Jahr verdienen."
- „Ich werde einfach und mit Freude 30000 Euro im Jahr verdienen" → „Ich werde nicht einfach und mit Freude 30000 Euro im Jahr verdienen."

Und:

- „Ich verdiene es, einfach und mit Freude 30000 Euro im Jahr zu verdienen." → „Ich verdiene es nicht, einfach und mit Freude 30000 Euro im Jahr zu verdienen."
- „Es ist sicher für mich, einfach und mit Freude 30000 Euro im Jahr zu verdienen." → „Es ist nicht sicher für mich, einfach und mit Freude 30000 Euro im Jahr zu verdienen."
- „Ich habe alles, was ich brauche, um einfach und mit Freude 30000 Euro im Jahr zu verdienen." → „Ich habe nicht alles, was ich brauche, um einfach und mit Freude 30000 Euro im Jahr zu verdienen."

Fügen Sie diese Sätze jetzt in die Frage-Form „… Ist das wirklich wahr?“ ein und stellen Sie sich die Fragen der Überprüfung dazu. In unserem Beispiel sieht das für den ersten Testsatz z. B. folgendermaßen aus:

1. „Ich kann nicht einfach und mit Freude 30 000 Euro im Jahr verdienen.“ Ist das wirklich wahr?

   „Ich weiß es nicht, vielleicht.“

2. Kann ich absolut sicher wissen, dass das wahr ist?

   „Nein, das kann ich nicht.“

3. Wie reagiere ich auf diesen Gedanken? Wie fühle ich mich, wenn ich das denke?

   „Nicht gut. Ich bin hoffnungslos und resigniert und mein Magen krampft sich zusammen.“

4. Kann ich irgendeinen Grund sehen, diesen Gedanken loszulassen (und ich werde nicht gebeten, dies zu tun)?

   „Ja, kann ich. Er tut mir weh.“

5. Kann ich irgendeinen friedvollen Grund sehen, einen, der mir keinen Stress bereitet, an diesem Gedanken festzuhalten?

   „Zuerst dachte ich, er schützt mich, aber das tut er eigentlich nicht. Nein, ich kann keinen Grund finden, der mich nicht stresst, an diesem Gedanken festzuhalten.“

6. Wer wäre ich ohne diesen Gedanken? (Wer wäre ich, wenn ich nie wieder denken könnte: „Ich kann nicht einfach und mit Freude 30 000 Euro im Jahr verdienen.“?)

   „Freier, entspannter, leichter – viel besser.“

7. Drehen Sie die Aussage um.

   „Ich kann *einfach und mit Freude 30 000 Euro im Jahr verdienen.“*

Sie können The Work auch zusätzlich noch auf die Antworten von Text A anwenden. Nehmen Sie jede Antwort und überprüfen Sie sie mithilfe der sieben Punkte, z. B.:

- Wie oder was denken Sie über diesen Bereich?

Es ist nicht genug da. Ist das wirklich wahr?

- Wie oder was denken Sie über sich in diesem Bereich?

Es ist nicht genug für mich da. Ist das wirklich wahr?

- Wie sehen Sie hier Ihren Platz in der Welt? Wie, glauben Sie, müssen Sie auf die Welt in diesem Bereich reagieren?

Ich mache nicht das Richtige und müsste wahrscheinlich mehr nach draußen gehen, Werbung machen usw. Ist das wirklich wahr?

- Wie wird erwartet, dass Sie auf die Welt in diesem Bereich reagieren?

Ich weiß nicht, was von mir erwartet wird – vielleicht mehr Aktion und Dynamik. Ist das wirklich wahr?

- Wie reagieren Sie?

Inneres Schwanken zwischen Lebensqualität und Angst/Sparsamkeit/Askese, Angst, für „unnötige" Dinge Geld auszugeben und die Miete nicht mehr zahlen zu können. Andererseits großzügig anderen gegenüber und bei als persönlich wichtig eingestuften Dingen wie Kultur. Ist das wirklich wahr?

- Wie reagiert die Welt in diesem Bereich auf Sie? Was können Sie in diesem Bereich von anderen Menschen, vom Leben und von der Welt erwarten?

Gar nicht, es kommt nichts von außen. Oder nur wenig. Ist das wirklich wahr?

- Wie funktioniert Ihrer Meinung nach die Welt in diesem Bereich?

Sie reagiert wahrscheinlich auch auf meine innere Einstellung und die Energie, die ich für diesen Bereich einsetze. Ist das wirklich wahr? Aber ich weiß nicht, wie ich das ändern soll. Ist das wirklich wahr? Von Nichts kommt Nichts, es ist nicht genug da und ich tue zu wenig. Ist das wirklich wahr?

Wie lange und wie oft soll ich mit *The Work* und meinen PUs arbeiten?

Auch hier würde ich Ihnen 14 Tage als guten Zeitraum für die Überprüfung und Lösung der psychischen Umkehrungen empfehlen. Nehmen Sie sich jede PU und überprüfen Sie sie mithilfe der Fragen. Manchmal lässt uns eine PU schon nach einer Überprüfung los, in der Regel müssen wir sie allerdings mehrmals überprüfen, bis wirklich alle Aspekte und Ebenen gelöst sind.

Schritt 6 – Mit der Affirmation arbeiten

Nachdem wir uns in den vorherigen Schritten ein neues Ziel ausgesucht und alle Blockaden auf dem Weg dorthin gelöst haben, geht es jetzt im letzten Schritt darum, dieses neue Ziel dauerhaft in unser Leben zu integrieren. Dieser Schritt ist Höhepunkt und Belohnung der ganzen inneren Arbeit, die Sie bisher geleistet haben – die Arbeit mit (kongruenten) Affirmationen macht Spaß und ist auf jeder Ebene wohltuend und motivierend.

Wir gehen bei der Arbeit mit Ihrer gewählten Affirmation in drei Schritten vor: die Vorbereitung, die (einmalige) Aktivierung Ihrer Affirmation und die tägliche Arbeit damit.

1. Vorbereitung

Eine sehr gute und empfehlenswerte Vorbereitung auf die Arbeit mit Ihrer ausgesuchten Affirmation ist die Vorbereitung mit einer oder mehreren der globalen Ziele aus Schritt 4 (Seite 90 und Anlage 3), z.B. „Ich will ein glückliches Leben leben." usw. Nehmen Sie sich den oder die Bereiche mit der niedrigsten Punktzahl und der geringsten Zustimmung, und arbeiten Sie mit jedem Bereich eine Woche lang. Gehen Sie dabei jeden Tag alle fünf Punkte – werden, wollen, dürfen etc. – durch und achten Sie auf die Aussage mit der stärksten (negativen) Reaktion. Verwandeln Sie diese dann in ihr

Gegenteil, also z.B. „Ich will kein glückliches Leben leben." und klopfen Sie entweder mit dieser Aussage („Auch wenn ich kein glückliches Leben leben will …") oder überprüfen Sie sie mithilfe von *The Work* („Ich will kein glückliches Leben leben. Ist das wirklich wahr?"), so lange, bis der gefühlte Wahrheitsgehalt dieser Aussage bzw. der Stress, den sie Ihnen bereitet, reduziert oder gelöst ist. Zusätzlich ist es auch oft hilfreich, den jeweiligen Begriff wie „Glück", „Liebe" oder „Erfolg" einmal zu hinterfragen. Was ist Glück für Sie? Was genau ist Liebe für Sie? Was bedeutet Erfolg, wie definieren Sie ihn, und wie erkennen Sie, dass Sie erfolgreich sind?

Machen Sie das Gleiche nach einer Woche mit dem zweiten Bereich usw. Testen Sie am Ende dieser Vorbereitung alle generellen Aussagen noch einmal mit dem kinesiologischen Selbsttest oder den somatischen Markern – Ihre innere Zustimmung sollte jetzt sehr viel größer sein. Damit haben Sie die besten Voraussetzungen geschaffen, damit Ihre Affirmation auf fruchtbaren Boden fallen kann.

Parallel dazu hat es sich bewährt, sich regelmäßig zu bewegen (freiwillige Bewegung erhöht die Bildung neuer Neuronen und erleichtert ihre Reorganisation), und bewusst Gewohntes zu verändern. Dadurch wird der Frontallappen aktiv und wir kommen besser aus dem Schlafmodus heraus, in dem wir so oft sind. Möglichkeiten dafür sind z.B.:

- Schließen Sie Ihre Tür mit der anderen Hand auf.
- Nehmen Sie ein anderes Schließfach beim Sport anstatt des gewohnten.
- Binden Sie sich den anderen Schuh zuerst zu.
- Fangen Sie beim Zähneputzen auf der anderen Seite an.
- Nehmen Sie eine Bahn früher zur Arbeit oder laufen Sie (was beide zusätzlichen Punkte elegant miteinander vereint).
- Essen Sie etwas für Sie Ungewohntes.
- Trocknen Sie sich nach dem Duschen oder Baden anders ab als gewohnt.
- Nehmen Sie die Gabel beim Essen in die andere Hand usw.

Sobald Sie merken, dass Sie etwas immer gleich und mechanisch tun, können Sie es bewusst unterbrechen und Ihre Routine verändern. Das ist eine sehr gute Übung, die auch für den folgenden Punkt 3 „Die tägliche Arbeit mit der Affirmation“ sehr hilfreich ist. Achten Sie dabei bewusst darauf, wie Sie auf das Ungewohnte reagieren – auch das ist hilfreich, da wir, wie gesagt, auf Veränderung mit Unbehagen reagieren. Sie erkennen daran, dass es nicht mit dem Inhalt, sondern nur mit der äußeren Form zu tun hat und ganz natürlich ist. Das hilft bei grundsätzlicheren Veränderungen – wie Ihrem neuen Ziel – ein mögliches Unbehagen einzuordnen und nicht auf den Inhalt der Affirmation zu beziehen, sondern auf den Versuch unseres Körpers, den biochemischen Status quo aufrechtzuerhalten.

2. Aktivierung der Affirmation

Wir werden jetzt Ihre gewählte Affirmation mit Bildern, Gefühlen und positiven Erinnerungen aufladen und verbinden, sodass Sie jedes Mal, wenn Sie Ihre Affirmation sprechen oder denken, dieses gesamte, positive Feld oder neuronale Netz aktivieren.

Dafür ist es gut, vor der Übung die Affirmation noch einmal auf ein Blatt Papier zu schreiben und folgende Fragen dazu zu beantworten (schreiben Sie die Antworten am besten in Stichworten ebenfalls auf):

- Was wäre die höchste Vision Ihrer Selbst in diesem Lebensbereich?
- Was würden Sie tun?
- Was wären Sie?
- Wie wäre Ihr Leben?
- Wie würden Sie sich fühlen?
- Kennen Sie dieses Gefühl schon? Haben Sie das, was Sie erreichen möchten, schon einmal erlebt?

Nehmen Sie sich jetzt Ihre Notizen und sorgen Sie dafür, dass Sie mindestens 20 Minuten ungestört sind. Sie können die Übung im

Sitzen oder Liegen machen – wichtig ist, dass Sie sich dabei wohlfühlen und gut entspannen können.

Schließen Sie jetzt Ihre Augen und atmen Sie einige Male tief ein und aus. Entspannen Sie sich von Kopf bis Fuß – ein Alpha-Zustand ist für die Aktivierung unserer Affirmation die beste Voraussetzung.

Denken Sie jetzt Ihre Affirmation langsam und bewusst Wort für Wort und lassen Sie jedes Wort eine Weile nachklingen. Achten Sie bei jedem Wort auf seine Wirkung und genießen Sie sie.

Sehen Sie sich dann vor Ihrem geistigen Auge, wie Sie Ihr gewünschtes Ziel erreicht haben. Wie fühlen Sie sich? Was ist besonders schön daran? Malen Sie sich Ihr erreichtes Ziel mit allen Details und möglichst lebendig aus. Fühlen Sie den Stolz und die Freude über Ihr Ziel im ganzen Körper und in jeder Zelle.

Sehen Sie sich jetzt selbst, sozusagen von außen, in der Situation. Wie verhalten Sie sich, was tun Sie? Wie reagieren die anderen?

Was denken Sie? Was sagen Sie selbst zu sich?

Was hören, riechen oder schmecken Sie?

Schmücken Sie Ihre ideale Situation so detailreich und lebendig aus, bis sie realer ist, als der Raum und die Zeit, in der Sie sich gerade befinden. Können Sie sie noch größer, vollkommener und sicherer machen? Gibt es noch etwas, was sie noch schöner machen würde? Denken Sie dabei immer wieder einmal an Ihre Affirmation als Anker und Verbindung zu diesem wunderbaren Bild und Zustand.

Genießen Sie alles so lange, wie Sie möchten, und schließen Sie dann die Übung ab, indem Sie noch einmal bewusst an Ihre Affirmation denken. Kommen Sie dann langsam in die Gegenwart zurück.

3. Verankern der Affirmation

Sie können die Affirmation jetzt noch körperlich verankern. Finden Sie dafür diejenige Stelle in Ihrem Körper, in der Sie Ihre neue Affirmation am stärksten spüren, z.B. in der Herzgegend; es kann aber auch jeder andere Körperbereich sein. Legen Sie Ihre linke Hand auf diese Stelle. Atmen Sie nun einige Male durch Ihre Hand in diesen Bereich und denken Sie dabei bewusst Ihre Affirmation. Dadurch verankern Sie Ihre neue Überzeugung auch im Körper und können immer dann, wenn Sie merken, dass Ihre alte Überzeugung wieder aktiv wird, bewusst diesen Körperanker verwenden, um sich an Ihr neues Ziel zu erinnern und es zu zu aktivieren.

Sie können diese Übungen zwischendurch immer wieder einmal machen, das hält die Verknüpfung lebendig. Der Sinn dieser Übung liegt darin, die Affirmation über das assoziative Lernen mit bestimmten Gefühlen, Erinnerungen, Gedanken und Seinsweisen zu verbinden, die dann über die Affirmation jedes Mal mit aktiviert werden. Dadurch werden die Synapsenverbindungen immer stärker und das neue neuronale Netz immer reichhaltiger. Und je mehr und stärkere Emotionen mit der Affirmation verbunden sind, desto leichter geht sie in Ihr Langzeitgedächtnis über. Durch die Visualisierung wird der Frontallappen aktiv und das ermöglicht uns, aus dem Autopiloten und Überlebensmodus in einen bewussten, kreativen Zustand zu wechseln.

4. Die tägliche Arbeit mit der Affirmation

Kommen wir jetzt zur täglichen Arbeit mit Ihrer ausgewählten Affirmation. Die Arbeit mit Affirmationen teilt sich auf in die aktive, bewusste Arbeit mit einer Affirmation und in das Unterbrechen des alten Musters (sozusagen die alte Affirmation), das durch die Affirmation ersetzt werden soll. Ich stelle Ihnen zuerst die bewusste Arbeit mit der neuen Affirmation vor.

Arbeit mit der Affirmation

Für die tägliche Arbeit mit der neuen Affirmation ist es gut, ein neues Ritual zu schaffen, das Sie dann automatisch in Ihren „Affirmationsmodus“ versetzt. Das kann ein fester Ort, eine feste Zeit oder ein bestimmter Auslöser oder Anker sein (z. B. ein Spaziergang, der Weg zur Arbeit oder vor dem Einschlafen).

Nehmen Sie sich für die Arbeit mit Ihrer Affirmation mindestens 10 Minuten täglich Zeit. Am Anfang ist es gut, immer zu einer bestimmten Zeit oder Gelegenheit damit zu arbeiten, damit diese innere Arbeit ein selbstverständlicher Teil des Tagesablaufs wird. In diesem Fall arbeitet die Routine *für* uns und wir nutzen den Mechanismus bewusst. Sie können im Sitzen, Liegen oder Gehen mit der Affirmation arbeiten, sollten dabei aber keine Tätigkeiten ausführen, die Ihre ganze Konzentration erfordern. Ein leichter Spaziergang ist erfahrungsgemäß sehr gut, Sie können aber auch z. B. die Mittagspause im Büro ausnutzen. Wichtig dabei ist nur, dass Sie sich wirklich auf Ihre Affirmation konzentrieren können – je bewusster Sie damit arbeiten, desto besser wirkt sie.

Denken oder sagen Sie jetzt für mindestens 10 Minuten Ihre Affirmation mit Bewusstheit und Aufmerksamkeit und lassen Sie die Worte innerlich jedes Mal auf sich wirken. Fühlen Sie die Freude und Aufregung, die die Worte und die Vorstellung bei Ihnen auslöst, und machen Sie Ihre Affirmation in dieser Zeit zum Wichtigsten in Ihrem Leben. Konzentrieren Sie sich vollkommen darauf und denken oder sprechen Sie sie jedes Mal so, als würden Sie sie zum ersten Mal hören.

Versuchen Sie auch außerhalb dieser Übungszeit zwischendurch so oft wir möglich an Ihre Affirmation zu denken – Sie aktivieren und stärken damit jedes Mal das neuronale Netz, das dadurch immer stabiler und selbstverständlicher wird.

Arbeiten Sie mindestens 21 Tage mit Ihrer Affirmation – so lange dauert es erfahrungsgemäß, bis etwas zu einer neuen Gewohnheit wird. Weitere Informationen dazu finden Sie im Folgenden bei den FAQ, den häufig gestellten Fragen.

Bemerken – Unterbrechen – Transformieren

Parallel dazu ist es wichtig, immer wenn Ihnen Ihr altes Muster bewusst wird, dieses zu unterbrechen. Wenn also das neue Ziel z.B. mehr Geduld und Gelassenheit ist, dann achten Sie bewusst darauf, wenn Sie wieder in einer Ungeduldsschleife festhängen („Also das ist doch wirklich unglaublich, wie kann man nur so unbeholfen sein, wie lange dauert das denn noch?" usw.).

Das Wichtigste dabei ist, das zu erkennen („Aha, ich bin schon wieder in der alten Gedankenschleife."), und nicht darauf einzusteigen bzw. sie bewusst zu unterbrechen. Das kann man tun, indem man einfach „Stopp" denkt oder bewusst die Aufmerksamkeit auf den eigenen Atem oder auf bestimmte Körperbereiche wie die Hände lenkt, und versucht, sie von innen zu spüren. Zusätzlich können Sie auch Ihre Affirmation einsetzen und somit der Gedankenschleife eine ganz neue, bessere Richtung geben. In unserem Beispiel könnte das so aussehen:

„Also das ist doch wirklich unglaublich, wie kann man nur so unbeholfen sein, wie lange dauert das denn noch?" – Bemerken – *„Aha, ich bin schon wieder in der alten Gedankenschleife."* – Unterbrechen – *„Stopp" oder bewusst z.B. atmen* – Transformieren – *„Ich bin immer gelassen und ruhig und in jeder Situation in meiner Kraft."*

Das hilft, das alte neuronale Netz – den Autopiloten – immer wieder zu unterbrechen und hat nach und nach zur Folge, dass die Synapsenverbindungen sich lösen. Und es trainiert den Frontallappen, der ja erst dafür sorgt, dass wir einen automatischen Gedanken bemerken und eingreifen können. Je öfter Sie das machen, desto schneller merken Sie, wenn Sie in einer Gedankenschleife und unbewusst sind, und desto schneller können Sie dann bewusst reagieren. Das braucht etwas Zeit und Übung, deshalb seien Sie stolz auf jedes Mal, wenn Sie bemerken, dass Sie unbewusst sind, auch wenn das nur einmal in der Woche ist – das ist ein Riesenschritt!

Fassen wir zum Schluss noch einmal die positive Wirkung der Arbeit mit Affirmationen zusammen:

Affirmationen haben zum einen eine direkte Wirkung, nämlich jedes Mal, wenn Sie sie aussprechen oder denken. Ihre Neurologie und Biochemie verändert sich sofort und es werden andere neuronale Netze aktiviert, die dann wiederum andere biochemische Botenstoffe an Ihren Organismus senden. Das ist wie ein Kurzurlaub für Ihren Organismus mit einer sofortigen, spürbaren Wirkung. Und abgesehen davon, dass die Arbeit mit schönen, neuen Zielen sehr viel Spaß macht, sind diese Ziele auch sehr viel näher an der Wahrheit als die alten, automatischen Gedanken.

Zum anderen bewirken Affirmationen langfristig, dass neue neuronale Netzte gebildet werden – und damit Alternativen zu Ihrem bisherigen Fühlen, Denken und Sein –, die durch das häufige Aktivieren immer stärker und stabiler verschaltet werden. So lange, bis sie zuerst unterbewusst und schließlich unbewusst und damit genauso selbstverständlich werden wie unsere alten, überholten Programme. Nur mit dem großen Unterschied, dass diese neuen Programme uns jetzt gut tun und vor allem unserer eigenen, tiefen Wahrheit entsprechen. Wir können bewusst wählen, wer oder was wir von nun an sein möchten.

Häufig gestellte Fragen

Wie lange und wie oft soll ich mit meiner Affirmation arbeiten?

Mindestens 10 Minuten täglich über mindestens 21 Tage hat sich bewährt. Es ist aber auch gut, die Affirmation zwischendurch immer wieder einmal zu denken oder zu sagen, da sich so das neue neuronale Netz schneller und stabiler verschaltet.

Soll ich meine Affirmation laut sprechen oder reicht es, sie zu denken?

Im Allgemeinen ist es wahrscheinlich alltagstauglicher, sie zu denken, zum Testen oder zwischendurch würde ich sie aber immer wieder einmal laut aussprechen. Erstens sind beim Sprechen mehr und andere Gehirnareale aktiv als beim reinen Denken, und zweitens kann man am Klang seiner eigenen Stimme oft viel besser feststellen, wie stimmig eine Affirmation ist.

Kann ich meine Affirmation wechseln?

Innerhalb der Affirmation können Sie einfach Wörter oder Zusätze wechseln, wenn Sie merken, dass es noch eine bessere Formulierung gibt. Sonst ist es besser, eine Weile bei einer Affirmation zu bleiben. Oft steckt hinter dem Wunsch, die Affirmation zu wechseln, eine psychische Umkehrung (PU), die auf diese Weise dafür sorgen möchte, dass sich an der Ist-Situation nichts verändert. Seien Sie hier besonders aufmerksam und überprüfen Sie sie mithilfe dieses Testsatzes „Ich möchte, dass diese Affirmation wirkt." (bei einer PU wird der Muskel sehr früh sperren bzw. der somatische Marker anschlagen). Bearbeiten Sie dann diese PU mit *EFT* oder *The Work* und achten Sie danach darauf, ob Sie Ihre Affirmation immer noch wechseln möchten.

Kann ich gleichzeitig mit meiner Affirmation arbeiten und mögliche PUs dagegen lösen?

Ja, aber das ist erst nach einer gewissen Vorarbeit, in der die PUs schon zum Teil gelöst worden sind, sinnvoll – sonst blockieren sie eine effektive Arbeit mit der Affirmation. In der Praxis ist es aber so, dass immer wieder kleinere Einwände im Laufe der Arbeit mit der Affirmation auftauchen, die dann mit *EFT* oder *The Work* sozusagen „vor Ort" gelöst werden können.

Ist es schlimm, wenn ich meine Affirmation einmal vergesse oder an einem Tag nicht mag oder kann?

Nein, das ist kein Problem, setzen Sie dann am nächsten Tag einfach wieder ein. Wenn Sie keine Lust (mehr) auf Ihre Affirmation haben und diese Unlust geht über die normalen Schwankungen hinaus, die das disziplinierte und regelmäßige Tun einer neuen Fähigkeit mit sich bringt, dann können Sie folgende Punkte überprüfen:

- Ist eine PU am Werk? Testen und korrigieren Sie diese dann gegebenenfalls.
- Stimmt die Affirmation nicht mehr? Ändern oder optimieren Sie sie.
- Das Thema ist Ihnen doch nicht so wichtig und es gibt andere, wichtigere Themen? Wechseln Sie in diesem Fall die Affirmation.

Im folgenden, dritten Teil dieses Buches finden Sie Affirmationen zu vielen Lebensbereichen. Sie können sie als Fundgrube oder Quelle für Ideen verwenden, oder sie als Ausgangsbasis für eine eigene Affirmation und entsprechend Ihren Bedürfnissen anpassen.

Sehr ans Herz legen möchte ich Ihnen die *Hausapotheke* und die *Basisaffirmationen,* die allen anderen zugrunde liegen – es ist toll, mit ihnen zu arbeiten.

Ansonsten wünsche ich Ihnen ganz viel Freude, Spaß und Erfolg mit Ihren neuen Wünschen, Zielen und Träumen!

TEIL III
Lebensbereiche von A–Z

Hausapotheke

- Ich mag mich.
- Ich bin die Kraft und Autorität in meinem Leben.
- Ich bin frei.
- Ich bin in mir zu Hause.
- Ich werde unterstützt und geliebt.
- Ich bin (jetzt) in Sicherheit und kann mich entspannen.
- Ich habe mein eigenes Mitgefühl und meine eigene Liebe verdient.
- Ich bin mit allem verbunden.
- Ich bin genauso gewollt und gemeint, wie ich bin.
- Gott liebt mich über alles.
- Gott liebt mich vollkommen und bedingungslos.
- Mein Leben hat einen Sinn.
- Ich gehe meinen Weg.

Basisaffirmationen

- Ich bin glücklich.
- Ich bin gesund.
- Ich vertraue.
- Ich bin lebendig.
- Ich freue mich.
- Ich liebe mich.
- Ich bin verbunden.
- Ich bin geborgen.
- Ich bin sicher.
- Ich bin reich.
- Ich bin dankbar.
- Ich bin frei.

- Ich bin Liebe.
- Ich bin Vertrauen.
- Ich bin Gesundheit.
- Ich bin Fülle.
- Ich bin Dankbarkeit.
- Ich bin Freude.
- Ich bin Frieden.
- Ich bin Sicherheit.
- Ich bin Geborgenheit.
- Ich bin Leben.
- Ich bin Freiheit.

1. Vorbereitungen

1.1 Programme

- Ich lasse alle Programme los, die mir nicht länger dienen.
- Ich lasse alle veralteten Programme los.
- Ich lasse alle genetischen Programme los, die mir nicht länger dienen.
- Ich lasse alle Programme los, die in Konflikt mit meiner Wahrheit stehen.
- Ich lasse alle Programme meiner Eltern los, die in Konflikt mit meinen Überzeugungen stehen.
- Ich lasse alle genetischen Programme los, die in Konflikt mit meinen Überzeugungen stehen.
- Ich lasse alle Programme aus meiner Kindheit los, die in Konflikt mit meinen Überzeugungen stehen.
- Ich löse alle Programme meiner Lehrer, die in Konflikt mit meinen Überzeugungen stehen.
- Ich löse alle religiösen Programme, die in Konflikt mit meinen Überzeugungen stehen.
- Ich bin offen für neue Ideen und Konzepte, und ich integriere diejenigen in mein Glaubenssystem, die sich richtig für mich anfühlen.

- Meine Programme helfen mir, erfolgreich zu sein.
- Meine Programme helfen mir, Fülle zu erreichen.
- Meine Programme helfen mir, Frieden zu erreichen.
- Meine Programme helfen mir, Glück zu erreichen.
- Meine Programme helfen mir, meinen Weg zu gehen.
- Ich lasse alle Programme los, die die Reise meiner Seele blockieren.
- Mein Glaubenssystem ist frei von Programmen, die mir nicht länger dienen.
- Ich lasse alle Überzeugungen aus meiner Kindheit los, die mir nicht länger dienen.
- Mein Unterbewusstsein speichert nur Überzeugungen, die förderlich für mein Wachstum sind.
- Mein Unterbewusstsein ist offen für Veränderung.
- Es steht mir frei, neue Ideen einzuladen, wenn ich mich dafür entscheide.
- Ich erlaube heilsamen Überzeugungen, sich frei und leicht zu bilden.
- Ich lösche Programme aus meinem zellulären Gedächtnis, die nicht länger nützlich sind.
- Ich lasse alle Programme los, die meine Gesundheit negativ beeinflussen.
- Ich lasse alle Programme los, die meine Willenskraft und meine Motivation negativ beeinflussen.

1.2 Gene

- Ich respektiere mein genetisches Erbe, erlaube aber trotzdem meiner Individualität, sich auszudrücken.
- Ich erlaube den Fähigkeiten und Talenten meiner elterlichen Gene jetzt durchzuscheinen.

- Ich lasse alle negativen Programme aus meinen elterlichen Genen jetzt mit Leichtigkeit los.
- Ich respektiere das Erbe, aus dem ich komme, und erlaube vergangenen und gegenwärtigen Talenten und Fähigkeiten zusammenzuarbeiten.
- Vergangene Verletzungen, die in meinen elterlichen Genen gespeichert waren, sind jetzt nicht länger ein Thema für mich.
- Ich bin glücklich, ich selbst zu sein, und ich bin dankbar für die ganzen Geschenke meiner Vorfahren.
- Ich lasse alle Überzeugungen aus meinen Genen los, die meinen eigenen widersprechen.
- Ich lasse alle Scham über vergangene Erfahrungen los.
- Ich bin ein Individuum.
- Ich lasse negative Emotionen in meinen Genen los.
- Ich erkenne mein genetisches Erbe an, bleibe aber trotzdem in meiner eigenen Wahrheit und Integrität.
- Meine genetischen Programmierungen arbeiten für mich ausschließlich auf positive Art und Weise.
- Ich lasse die Themen meiner Vorfahren los, und das erlaubt mir, mich nur mit meinen eigenen Themen zu beschäftigen.
- Ich lasse vergangene Belastungen in meinen elterlichen Genen los und entscheide mich, im Jetzt zu leben.
- Ich lasse alle Verantwortung für die Taten meiner Vorfahren jetzt los.
- Ich kann das Wissen und die Weisheit in meinen elterlichen Genen nutzen.
- Ich lasse alle Schuldgefühle über die Taten meiner Vorfahren jetzt los.
- Ich lasse alle Wut und Ärger über die Taten meiner Vorfahren jetzt los.
- Ich lasse alle Ängste und Befürchtungen über die Taten meiner Vorfahren jetzt los.

- Ich kann zwischen Vergangenheit und Gegenwart unterscheiden.
- Ich lasse alle körperlichen Beeinträchtigungen jetzt los, die ich von meinen Vorfahren geerbt habe.
- Ich lasse alle emotionalen Belastungen los, die ich von meinen Vorfahren geerbt habe.
- Ich kann meine eigenen Überzeugungen schaffen.
- Ich muss nicht länger das Leben meiner Vorfahren leben.
- Ich muss nicht länger das Leben für meine Vorfahren leben.
- Es ist in Ordnung für mich, andere Überzeugungen zu haben als meine Vorfahren.
- Mein genetisches Erbe gibt mir Liebe.
- Mein genetisches Erbe gibt mit Kraft.
- Mein genetisches Erbe gibt mir Talent und Fähigkeiten.
- Mein genetisches Erbe gibt mir Weisheit und Wissen.

1.3 Unterbewusstsein

- Mein Unterbewusstsein arbeitet mit mir zusammen für mein höchstes Bestes.
- Ich lasse einfach und sicher alle Sabotageprogramme los, die meinem Wachstum entgegenstehen.
- Ich fülle mein Unterbewusstsein mit einer Klarheit, die mich schnell und einfach zu meinem höchsten Entwicklungsstand führt.
- Ich verdiene Fülle.
- Ich verdiene Frieden.
- Ich verdiene Glück.
- Mein Unterbewusstsein reflektiert meine positive Natur.
- Ich liebe mein Unterbewusstsein und mein Unterbewusstsein liebt mich.
- Ich lasse alle Überzeugungen und Glaubenssätze los, die mit meiner inneren Wahrheit in Konflikt stehen.

- Ich entlasse jetzt alles Leid aus meinem Unterbewusstsein.
- Ich entlasse alle Programmierungen aus meinem Unterbewusstsein, die mein Wachstum einschränken und blockieren.
- Ich lasse alle Sabotageprogramme aus meinem Unterbewusstsein los.
- Ich löse sicher und leicht alle emotionalen Belastungen in meinem Unterbewusstsein.
- Mein Unterbewusstsein öffnet sich jetzt für Freiheit und Fülle.
- Man Unterbewusstsein ist angefüllt mit positiver Energie.
- Mein Unterbewusstsein ist frei, neue Überzeugung anzunehmen.
- Ich habe eine einfache und freie Kommunikation mit meinem Unterbewusstsein.
- Ich habe einen guten Kontakt zu meinem Unterbewusstsein.
- Mein Unterbewusstsein arbeitet in Harmonie mit allen anderen Teilen meines Wesens.
- Mein Unterbewusstsein ist angefüllt mit Liebe und Licht.
- Ich lasse die Standards und Ideale meiner Eltern los und schaffe meine eigenen.
- Ich lasse die Standards und Ideale meiner Familie los und schaffe meine eigenen.
- Ich lasse alle Verwirrung und Unentschiedenheit los, die durch innere Konflikte in meinem Unterbewusstsein entstehen, und ich entscheide mich für Klarheit.
- Es ist sicher für mich, die Überzeugung in meinem Unterbewusstsein zu verändern.
- Es ist sicher für mein Unterbewusstsein, Überzeugungen, die mir nicht länger dienen, loszulassen.
- Mein Unterbewusstsein kann sich entspannen.
- Mein Unterbewusstsein ist angefüllt mit meinen eigenen Überzeugungen.

- Ich lasse alle Negativität aus meinem Unterbewusstsein jetzt los.
- Meine Glaubenssysteme unterstützen mein Wachstum.
- Ich respektiere die Überzeugungen anderer.
- Ich behalte alle Überzeugungen aus meiner Kindheit, die für mich jetzt noch relevant sind und mir nützen.

1.4 Komfortzone

- Es ist sicher für mich, aus meiner Komfortzone herauszutreten.
- Ich bin in der Lage, die Grenzen meiner Komfortzone zu erweitern und loszulassen.
- Es gibt keine Notwendigkeit, Komfortzonen in meinem Leben zu haben.
- Ich lasse das Bedürfnis los, Komfortzonen zu schaffen.
- Ich kenne die Grenzen meiner Komfortzone und arbeite beständig daran, darüber hinaus zu gehen.
- Wenn ich aus meiner Komfortzone heraustrete, fühle ich Freiheit und Stolz über mich selbst für das, was ich erreicht habe.
- Ich genieße Veränderung und es ist gut zu sehen, wozu ich auf allen Ebenen fähig bin.
- Ich lasse alle Angst darüber los, außerhalb meiner Komfortzone zu sein.
- Ich lasse alle Sabotageprogramme los, die mich davon abhalten, aus meiner Komfortzone herauszutreten.
- Ich lasse alle Verdrängungen los, die mich davon abhalten, aus meiner Komfortzone herauszutreten.
- Ich lasse alle Angst los, die mich in meiner Komfortzone hält.
- Ich lasse alle Schuld los, die mich in meiner Komfortzone hält.
- Ich lasse alle Frustration los, die mich in meiner Komfortzone hält.
- Ich genieße es, frei zu sein.

- Ich lasse alle genetischen Programme los, die mich in meiner Komfortzone halten.
- Ich brauche nicht länger den Schutz meiner Komfortzonen.
- Ich verdiene ein unbeschränktes/uneingeschränktes Leben.
- Ich bin es wert, ein unbeschränktes Leben zu haben.
- Ich verdiene es, vollkommen erfüllt zu sein.
- Ich bin es wert, vollkommen erfüllt zu sein.
- Ich kann einfach aus meiner Komfortzone heraustreten.
- Ich bin in der Lage, aus meiner Komfortzone herauszutreten.
- Ich lasse allen Stress los, der damit verbunden ist, aus meiner Komfortzone herauszutreten.

1.5 Überlebensmodus/Überlebensmechanismus

- Ich lasse den Überlebensmodus aus meinem System los und erlaube mir selbst, das Leben wieder zu genießen.
- Ich entscheide mich, mein Leben von jetzt an wirklich zu leben, anstatt es nur zu überleben.
- Ich lasse das Bedürfnis los, im Überlebensmodus zu leben.
- Es ist sicher für mich, aufzuhören, im Überlebensmodus zu leben.
- Ich lasse jetzt den Überlebensmodus auf sichere und einfache Art aus meinem System los.
- Ich muss mich nicht mehr im Überlebensmodus verstecken.
- Ich lasse allen vergangenen Missbrauch los, der mich im Überlebensmodus hält.
- Es ist sicher für mich, aus meiner Komfortzone herauszutreten und den Überlebensmodus loszulassen.

- Ich weiß, wann es sinnvoll ist, meine Überlebensmechanismen zu nutzen.
- Ich vertraue meinen Instinkten.
- Ich bin immer noch in der Lage, meine Überlebensmechanismen zu nutzen, die mich sicher und geschützt halten.
- Ich lasse alle genetischen Programme los, die meine natürlichen Instinkte blockieren.
- Es ist sicher für mich, meine natürlichen Instinkte zu nutzen.
- Instinktives Verhalten ist ein natürlicher Teil meines Lebens.
- Ich lasse alle Sabotageprogramme los, die meine natürlichen Instinkte blockieren.
- Ich lasse alle Verdrängungen los, die meine natürlichen Instinkte blockieren.
- Ich lasse meine Emotionen los, die meine natürlichen Instinkte blockieren.
- Ich lasse alle vergangenen Fehler los, die meine natürlichen Instinkte blockieren.
- Meine Überlebensinstinkte sind für mich jetzt wichtig.

- Ich bin offen für neue Erfahrungen.
- Ich bin mit allem verbunden und kann mich für alles öffnen.
- Ich bin in Sicherheit.
- Ich lasse den Überlebensmodus los, während ich meine Überlebensmechanismen behalte.

1.6 Motivation und Willenskraft

- Ich bin motiviert.
- Ich bin motiviert, Abhängigkeiten zu durchbrechen.
- Ich bin motiviert, das zu tun, was am besten für mich ist.
- Ich habe vollen Zugang zu meiner Motivation.

- Ich habe die Motivation, das zu erreichen, was ich mir vorgenommen habe.
- Ich lasse allen Stress los, der meine Motivation blockiert.
- Ich lasse alle genetischen Informationen los, die meine Motivation blockieren.
- Ich löse jetzt meine Angst vor Fehlern, und das erlaubt meiner Motivation, durchzuscheinen.
- Ich entscheide mich jetzt dafür, motiviert zu sein.
- Ich lasse jetzt alte Glaubenssysteme und Programme los, die meine Motivation blockieren.
- Meine Energien sind ausgeglichen, und das erlaubt meiner Motivation, durchzuscheinen.
- Ich lasse alle vergangenen Belastungen auf sichere und einfache Art los, die meine Fähigkeit blockieren, motiviert zu sein.
- Ich lasse alle religiösen Programme los, die meine Motivation blockieren.
- Ich lasse alle Kindheitsprogramme los, die meine Motivation blockieren.

- Ich habe Willenskraft.
- Ich habe die Willenskraft, Abhängigkeiten zu durchbrechen.
- Ich habe die Willenskraft, das zu tun, was das Beste für mich ist.
- Ich habe vollen Zugang zu meiner Willenskraft.
- Ich habe die Willenskraft, das zu erreichen, was ich mir vorgenommen habe.
- Ich lasse alle genetischen Informationen los, die meine Willenskraft blockieren.
- Ich entscheide mich jetzt dafür, mich für meine Willenskraft zu öffnen.
- Ich lasse allen Stress los, der meine Willenskraft blockiert.

- Meine Energien sind ausgeglichen, und das erlaubt meiner Willenskraft, durchzuscheinen.
- Ich lasse alle vergangenen Belastungen los, die meine Willenskraft blockieren.
- Ich lasse alle religiösen Programme los, die meine Willenskraft blockieren.
- Ich lasse alle Kindheitsprogramme los, die meine Willenskraft blockieren.

2. Technik

2.1 Visualisierung und Meditation

- Ich kann mir meine Ziele und Wünsche mit Leichtigkeit und Klarheit vorstellen.
- Ich kann visualisieren, wo ich sein möchte.
- Visualisierung ist einfach für mich.
- Ich bin in der Lage, mir meinen Weg vorzustellen.
- Ich bin in der Lage, meine perfekte Beziehung zu sehen.
- Ich bin in der Lage, meinen perfekten Beruf zu sehen.
- Ich lasse allen Stress und Druck in Bezug auf Visualisierung los.
- Ich nutze die Visualisierung, um meine Ziele zu erreichen.

- Ich finde Meditation entspannend und erfrischend.
- Meditation macht Spaß und gibt mir Klarheit und Fokus.
- Ich nutze Meditation, um meinen Geist zu entspannen und zu erfrischen.
- Meditation ist einfach für mich.
- Meditation entspannt meinen Geist, meinen Körper und meine Seele.
- Ich lasse allen Stress in Bezug auf Meditation los.
- Ich nutze Meditation, um meine Ziele zu erreichen.
- Ich nutze Meditation, um innere Konflikte zu lösen.
- Ich entspanne mich schnell bei Meditation.
- Ich bin frei von Ablenkungen, während ich meditiere.

- Ich kann visualisieren, während ich meditiere.
- Ich bin in der Lage, meinen Geist von allen Gedanken zu klären, während ich meditiere oder visualisiere.

2.2 Gehirnintegration

- Mein Frontallappen ist aktiv, und ich bin wach und bewusst.
- Ich nutze beide Gehirnhälften die ganze Zeit.
- Es ist sicher für mein Gehirn, integriert zu sein.
- Es ist in Ordnung, intelligent zu sein.
- Es ist sicher, intelligent zu sein.
- Die linke und die rechte Gehirnhälfte arbeiten zusammen, damit ich meine Ziele erreiche.
- Wenn mein Gehirn vollkommen integriert ist, habe ich vollständigen Fokus und eine optimale Koordination.
- Mein Gehirn ist völlig integriert.
- Ich nutze meine rechte Gehirnhälfte, wenn nötig.
- Ich nutze meine linke Gehirnhälfte, wenn nötig.
- Wenn ich etwas tue, kann ich unterscheiden, welche Seite meines Gehirns notwendig ist.
- Wenn mein Gehirn integriert ist, habe ich vollständige Koordination.
- Ich lasse alle genetischen Erinnerungen los, die mein Gehirn davon abhalten, integriert zu sein.
- Ich lasse alle zellulären Erinnerungen los, die mit meiner Gehirnintegration in Konflikt stehen.
- Ich lasse alle Traumata im Kopfbereich sicher und einfach los, die meine Gehirnintegration blockieren.
- Meine linke und rechte Gehirnhälfte arbeiten in vollkommener Harmonie zusammen.

2.3 Altes Wissen/Weisheit

- Ich öffne mich für die alte Weisheit in mir.
- Ich erlaube es meinem alten Wissen, jetzt durchzuscheinen.
- Ich nutze mein altes Wissen, um mich selbst zu heilen.
- Ich habe freien Zugang zu dem alten Wissen und der Weisheit in meinen Zellen.
- Ich habe jetzt vollen Zugang zu meiner eigenen alten Weisheit.
- Ich habe Vertrauen in meine alte Weisheit.
- Ich entscheide mich jetzt, alle Blockaden loszulassen, die mein altes Wissen und meine Weisheit davon abhalten, zutage zu treten.
- Mein altes Wissen und meine Weisheit zu nutzen, hält mich immer in meiner eigenen Macht und Kraft.
- Ich nutze mein altes Wissen, um mein spirituelles Wachstum zu unterstützen.
- Mich mit meinem alten Wissen zu verbinden, hilft mir, auf allen Ebenen zu wachsen.
- Ich nutze die Energien meines alten Wissens, um in der heutigen Welt zu lernen.
- Mein altes Wissen erleichtert meinen Zugang zu den universellen Lehren.
- Ich lasse jetzt alle vergangenen Belastungen sicher und einfach los, die mein altes Wissen und meine alte Weisheit blockieren.
- Ich nutze meine alte Weisheit, um Zugang zu meinen Fähigkeiten und Talenten zu bekommen.
- Ich lasse alle Angst vor meiner alten Weisheit jetzt los.
- Ich nutze meine alte Weisheit, um optimale Gesundheit zu erreichen.
- Ich lasse die Blockierung meiner alten Weisheit durch meinen Verstand los.

3. Selbstbild

3.1 Selbstbewusstsein/Selbstwert

- Ich mag mich selbst.
- Ich bin klasse.
- Ich liebe und achte mich selbst.
- Ich respektiere mich.
- Ich habe viele Fähigkeiten und Talente.
- Ich bin liebenswert.
- Gott liebt mich.
- Ich genüge.
- Ich verdiene es, geliebt zu werden.

- Ich verdiene das Gute im Leben.
- Ich bin ein guter Mensch.
- Ich bin wertvoll.
- Ich lebe mein Leben gut.
- Ich fühle mich wohl in meiner Haut.
- Ich kann gut für mich sorgen.
- Ich bin glücklich mit dem Leben, das ich lebe.
- Ich bin glücklich.
- Ich habe Substanz.
- Ich liebe und werde geliebt.
- Ich verdiene es, glücklich, gesund und liebenswert zu sein.
- Ich bin genau so richtig/in Ordnung, wie ich bin.
- Ich freue mich.
- Ich bin innerlich und äußerlich reich.
- Ich bin ein wichtiger Teil dieser Welt.
- Ich gehe meinen eigenen Weg.
- Ich übernehme jetzt selbst die Verantwortung für mein Leben.
- Ich übernehme die Verantwortung für meinen Teil und lasse alles, was nicht zu mir gehört, los/gebe alles zurück, was nicht zu mir gehört.
- Ich bin mit mir in Frieden.
- Ich habe ein Recht auf meine Meinung.
- Ich bin mit allem verbunden.
- Ich bin ein interessanter Mensch und kann mein inneres Licht leuchten lassen.
- Ich bin sicher und ruhe in mir.
- Ich bin wertvoll und Gott liebt mich über alles.
- Ich stehe zu mir und meinen Fähigkeiten.

- Ich verdiene es …
- Je klarer und bewusster ich bin, desto einfacher und schöner wird/ist mein Leben.
- Ich vertraue mir und meinen Fähigkeiten.
- Ich vertraue dem Leben.
- Ich sage Ja zu meinem Leben.
- Ich habe mein Mitgefühl und Verständnis verdient.
- Gott liebt und unterstützt mich.
- Ich gehe meinen Weg.
- Alles ist gut - ich bin in Harmonie mit dem Universum und mit mir.
- Ich bin geborgen in allem, was ist.
- Ich habe Vertrauen in mich und mein Leben.
- Alles, was ich brauche, kommt zur richtigen Zeit zu mir.
- Das Leben ist schön! Ich kann ein erfolgreiches, erfülltes Leben führen.
- Ich verdiene alles Gute der Welt.
- Ich bin offen und empfänglich für alles, was gut für mich ist.
- Ich öffne mich für Freude, Energie und Gesundheit.
- Ich habe das Recht, ich selbst zu sein.
- Ich bin frei, das Leben jetzt und hier zu genießen.
- Ich bin offen für die unendliche Fülle, die mich umgibt.
- Ich bin die Kraft und Autorität in meinem Leben.
- Ich bin frei.
- Ich darf ich selbst sein.
- Intelligenz, Mut und Selbstvertrauen sind immer in mir.
- Ich gehöre dazu.
- Ich erkenne und lebe all meine Fähigkeiten, Talente und Potenziale.

- Ich habe Kraft und Lebensfreude im Überfluss.
- Alle genetischen Konditionierungen, die mich davon abhalten, in meiner eigenen Kraft zu sein, sind jetzt gelöst.
- Dadurch, dass ich Mitgefühl mit mir selbst habe, verändert sich meine Welt zum Guten.
- Freude beginnt bei mir selbst.
- Freude ist meine Natur - sie entspringt meinem innersten Wesen.
- Freude ist meine Natur - ich kann nicht anders, als sie zu verströmen.
- Friede ist mit mir, Freude ist mit mir, Liebe ist mit mir.
- Ich bin allen Situationen gewachsen, wenn ich mir selbst vertraue.
- Ich bin die wichtigste Person in meinem Leben.
- Ich bin frei, ich selbst zu sein.
- Ich bin froh, hier zu sein.
- Ich bin glücklich, ich selbst zu sein.
- Ich bin glücklich, mit mir allein zu sein.
- Ich bin mein wahres Selbst, und ich handle spontan und natürlich.
- Ich bin verantwortlich für mein Leben und kann Dinge verändern.
- Ich bin was/wer ich bin.
- Ich bleibe immer in meiner eigenen Integrität und Kraft.
- Ich entscheide mich für Bewusstheit, Verständnis, Freiheit und Mitgefühl.
- Ich entscheide mich jetzt dafür, lebendig zu sein und wirklich zu leben.
- Ich entscheide mich jetzt, alle Selbstliebeprobleme und -themen zu überwinden.
- Ich entscheide mich jetzt, alle Selbstwertprobleme und -themen zu überwinden.

- Ich erlaube es meiner Kraft, auf positive Art und Weise durchzuscheinen.
- Ich erlaube meiner eigenen Essenz durchzuscheinen und mir Kraft zu geben.
- Ich lasse alle Selbstverurteilung jetzt los.
- Ich lasse jetzt alle unterbewussten Programme los, die meine Selbstliebe und meinen Selbstwert blockieren.
- Ich lerne aus jeder Erfahrung, und es ist völlig in Ordnung, Umwege zu machen.
- Ich liebe das Leben und das Leben liebt mich.
- Ich liebe mein einzigartiges und wunderbares Leben.
- Ich löse jetzt sicher und einfach alle Kindheitstraumata, die meinen Selbstwert blockieren.
- Ich löse jetzt sicher und einfach alle Kindheitstraumata, die meine Selbstliebe blockieren.
- Ich gebe meine Widerstände gegen das Leben auf und sage wirklich Ja zu meinem Leben.
- Ich nehme das Leben an, und das Leben nimmt mich an.
- Ich nehme mich genau so an, wie ich gerade bin - das ist die beste Voraussetzung für eine Veränderung.
- Ich öffne mich jetzt für meine eigene Integrität und Kraft.
- Ich öffne mich jetzt für meine Selbstliebe.
- Ich öffne mich jetzt für meinen Selbstwert.
- Ich reagiere nicht mehr auf Menschen, sondern ich bleibe immer in meiner Kraft.
- Ich sage Ja zu mir selbst.
- Ich werde vollkommen geführt von meiner eigenen Integrität.
- Im Zentrum meines Seins befindet sich eine unendliche Quelle der Liebe.
- Nur ich selbst kann mich wirklich glücklich machen.

3.2 Gedanken

- Ich habe die Wahl und ich wähle bewusste und liebevolle Gedanken für mich und andere.
- Ich entscheide mich für heilsame Gedanken.
- Ich entscheide mich für liebevolle Gedanken.
- Ich entscheide mich für tiefe und sinnvolle Gedanken.
- Ich entscheide mit für Gedanken voller Freude.
- Ich entscheide mich für Gedanken voller Liebe und Gesundheit.
- Gedanken sind ein wertvolles und wichtiges Instrument für mein Leben.
- Ich habe immer die Wahl, ob ich einen Gedanken weiterdenken möchte oder nicht und ich nutze sie.
- Ich liebe und schätze meinen klaren und lebendigen Geist.
- Ich bin mir bewusst, dass Gedanken schöpferische Kraft haben.
- Ich erschaffe mir bewusst und voller Freude mein eigenes Leben.
- Ich entscheide mich für Gedanken, die Freude und Frieden erzeugen.
- Die Gedanken, die ich gewohnheitsmäßig aussende, kommen als Erfahrung zu mir zurück.
- Was ich denke, formt mich. Deshalb entscheide ich mich, positiv und konstruktiv zu denken.
- Ich entscheide mich dafür, die Verantwortung für die Macht meiner Gedanken zu übernehmen.
- Ich achte auf meinen inneren Dialog.
- Ich habe die Wahl.

3.3 Intuition

- Ich öffne mich für meine Intuition.
- Ich bin intuitiv.

- Ich habe vollen Zugang zu meiner Intuition.
- Meine Intuition wird stärker und klarer, je mehr ich sie nutze.
- Ich bin bereit, meiner Intuition zu vertrauen.
- Ich gebe mir selbst die Erlaubnis, meiner Intuition vertrauen.
- Es ist sicher für mich, meine Intuition zu nutzen.
- Ich möchte meiner Intuition vertrauen.
- Ich habe das Recht, meiner Intuition zu vertrauen.
- Ich vertraue und folge meiner Intuition.
- Ich gehe meinen Weg.
- Ich bekomme klare und reine Informationen von meiner Intuition.
- Ich nutze meine Intuition weise und verantwortlich.
- Mein gesunder Menschenverstand und meine Intuition arbeiten zusammen.
- Ich lasse alle meine genetischen Themen und Einwände los, die meine Intuition blockieren.
- Ich lasse all meine Angst, meine Intuition zu nutzen, los.
- Ich stoppe meinen bewussten Verstand, wenn er meine Intuition vernebelt.
- Meine Intuition gibt mir Frieden.
- Meine Intuition gibt mir Sicherheit.
- Ich lasse alle Bewertungen und Vorurteile darüber los, intuitiv zu sein.
- Meine Intuition zu nutzen hilft mir, das größere Bild zu sehen.
- Ich lasse den ganzen Stress und alle Blockaden in meinem Unterbewusstsein los, die meine Intuition blockieren.

3.4 Erdung

- Ich bin zu Hause in mir.
- Ich bin geerdet und sicher.

- Ich bin verwurzelt mit der Erde.
- Ich bin überall zu Hause, egal, wo ich auch bin.
- Die Erde ist mein Zuhause.
- Ich bin im Leben zu Hause.
- Erdung ist ein wichtiger Teil meines Lebens.
- Meine Verwurzelung gibt mir die Fähigkeit, klar zu denken, und sie hilft mir, darauf fokussiert zu bleiben, was mir wichtig ist.
- Meine spirituellen und physischen Systeme sind vollkommen in Harmonie.
- Wenn ich meine Intuition nutze, bin ich geerdet.
- Meine spirituelle Seite und meine Verwurzelung sind in vollkommener Balance.
- Ich verwurzele meine Energien in Mutter Erde.
- Ich öffne meine Fußchakren und verwurzele mich in Mutter Erde.
- Geerdet und verwurzelt zu sein, ist leicht für mich.
- Mein Sein ist geerdet und zentriert.
- Meine Energien sind verwurzelt in der Energie der Gegenwart.
- Ich bleibe zentriert und geerdet in meinen eigenen Energien.
- Verwurzelt zu sein, gibt mir Ruhe und Frieden.
- Ich bin in Frieden, zentriert und verwurzelt in meinen eigenen Energien.
- Ich kann meine spirituellen Energien nutzen und trotzdem geerdet bleiben.
- Ich sorge dafür, dass ich verwurzelt und geerdet bin, während ich arbeite.
- Es ist sicher für mich, die Energien von Mutter Erde zu nutzen, um mir zu helfen, verwurzelt und geerdet zu sein.
- Meine Erdung gibt mir Fokus.
- Meine Erdung und Verwurzelung erlauben es mir, optimal auf allen Ebenen meines Seins zu arbeiten.

- Ich lasse alle vergangenen Verletzungen los, die meine Erdung und Verwurzelung blockieren.
- Ich lasse alle genetischen Informationen los, die meine Erdung und Verwurzelung blockieren.
- Ich erde mich selbst und verhindere dadurch, dass sich meine Energien zerstreuen.

3.5 Klarheit

- Ich bin klar.
- Ich bin klar und fokussiert.
- Meine Gedanken sind vollkommen klar.
- Ich habe vollkommene Klarheit der Gedanken.
- Mein Geist ist klar.
- Meine Emotionen sind klar.
- Klares Denken gibt mir Frieden.
- Ich bin klar in der Richtung, in die ich gehe.
- Ich habe klare Ziele.
- Ich bin klar in meinen Beziehungen.
- Ich bin klar in meinem Beruf.
- Ich bin klar in meinem persönlichen Leben.
- Ich bin vollkommen klar in allen Bereichen meines Lebens.
- Ich habe die Klarheit und Bewusstheit, zu wissen, wer ich bin und wohin ich gehe.
- Mein Leben fließt mit Einfachheit und Klarheit in meinem Geist, meinem Körper und meiner Seele.
- Ich lasse alle Sabotagemuster los, die meine Klarheit beeinträchtigen.
- Ich lasse alle unterbewussten Verdrängungen los, die meine Klarheit beeinträchtigen.

- Ich lasse auf sichere und einfache Art und Weise alle vergangenen Belastungen los, die meine Klarheit blockieren.
- Ich lasse sicher und einfach alle genetischen Belastungen los, die meine Klarheit blockieren.
- Ich lasse alle Störungen und Verwirrungen los und öffne mich für Klarheit.
- Ich kann mich von vergangenen Belastungen lösen, und öffne mich für Klarheit.
- Ich lasse die Belastungen von anderen los, die meine Klarheit beeinflussen.
- Ich kann klare Entscheidung treffen, die unbeeinflusst von der Meinung anderer sind.

3.6 Potenzial

- Ich habe viele Stärken und Fähigkeiten.
- Ich habe unbegrenztes Potenzial.
- Ich bin reines Potenzial.
- Ich kann sehr viel mehr, als ich weiß.
- Ich kann sehr viel mehr, als mir bewusst ist.
- Ich kann sehr viel mehr, als meinen Eltern bewusst ist.
- Ich kann sehr viel mehr, als meinen Lehrern bewusst ist.
- Ich erkenne und verwirkliche mein Potenzial und es fällt mir leicht, gemäß meinen eigenen Träumen und Zielen zu leben.
- Es fällt mir leicht, mein eigenes Potenzial zu verwirklichen.
- Ich sehe das wirkliche Potenzial in meinem Sein.
- Ich erkenne mein Potenzial und verwirkliche meine Ziele.
- Ich habe das Potenzial in meinem Zellen, zu verwirklichen, was ich mir wünsche.
- Ich erlaube es meinem Potenzial, als meine Realität durchzuscheinen.

- Mein Potenzial ist jetzt frei, sich zu zeigen.
- Ich lasse alle Selbstsabotage los, die mein Potenzial beeinträchtigt.
- Ich lasse alle Verdrängungen und Unterdrückung los, die mein Potenzial beeinträchtigen.
- Ich lasse alle Erwartungen meiner Familie los und lebe gemäß meinem eigenen Potenzial.
- Ich lasse alle Erwartungen meiner Freunde los und lebe gemäß meinem eigenen Potenzial.
- Ich lasse alle Erwartungen meiner Eltern los und lebe gemäß meinem eigenen Potenzial.
- Ich lasse alle Erwartungen meiner Lehrer los und lebe gemäß meinem eigenen Potenzial.
- Ich setze mir selbst Ziele und lebe nach meinen eigenen Standards.
- Meine Gedanken und Taten verstärken mein Potenzial und meine Ziele.
- Ich verwandle mein Potenzial in meine Realität.
- Ich erlaube es anderen, ihr volles Potenzial zu verwirklichen.
- Ich erlaube meinen Kindern, ihr volles Potenzial zu verwirklichen.
- Ich unterstütze andere dabei, ihr volles Potenzial zu verwirklichen.
- Ich lasse alle Ängste darüber los, mein Potenzial zu nutzen.
- Ich lasse alle Schuld los, mein Potenzial zu nutzen
- Ich lasse alle Scham und Peinlichkeit los, mein Potenzial zu nutzen und zu zeigen.
- Es fällt mir leicht, mein Potenzial auszudrücken und zu zeigen.
- Es ist sicher für mich, mein Potenzial auszudrücken und zu zeigen.
- Jetzt ist die richtige Zeit für mich, mein ganzes Potenzial zu zeigen.

3.7 Geist/Lernen/Wissen

- Mein Geist ist klar und frei.
- Ich bin intelligent und kann lernen.
- Mein Geist ist für neue Ideen offen und aufnahmebereit.
- Mein Gedächtnis verbessert sich von Tag zu Tag und in jeder Hinsicht.
- Ich lerne schnell und einfach.
- Ich nehme neues Wissen mit Leichtigkeit auf.
- Ich behalte Wissen mit Leichtigkeit.
- Ich kann mein Wissen ganz leicht wiedergeben.
- Ich glaube daran, dass Fehler zu machen ein wichtiger Teil des Lernens ist.
- Ich lerne gerne. Lernen macht mir Spaß.
- Ich finde es einfach, zu lernen.
- Es ist in Ordnung für mich, meine Intelligenz zu zeigen.
- Ich lasse jetzt all meinen Stress los, der mit meiner Fähigkeit zu lernen verbunden ist.
- Ich kann intelligent und attraktiv sein.
- Ich lasse jetzt den ganzen Druck meiner Eltern zum Thema Lernen los.
- Ich lasse jetzt den ganzen Druck meiner Lehrer zum Thema Lernen los.
- Ich lasse jetzt meine Frustration über das Lernen los.
- Ich lasse jetzt meine Angst vor Prüfungen los.
- Ich kann Prüfungen mit guten Ergebnissen bestehen.
- Ich kann mich klar in einer mündlichen Prüfung ausdrücken.
- Ich bin in der Lage, alle erforderlichen Aufgaben in praktischen Prüfungen ruhig und mit meinen besten Vermögen zu meistern.
- Ich lasse ganz leicht meine Lernschwierigkeiten los.

- Meine linke und rechte Gehirnhälfte sind voll integriert.
- Meine linke und rechte Gehirnhälfte sind voll integriert, während ich lerne.
- Es ist sicher für mich, neue Dinge zu lernen.
- Ich bin frei zu lernen, für was immer ich mich entscheide.
- Ich lasse alle Erinnerung an die Schule los, die mir Stress bereiten.
- Ich lasse all die Standards meiner Lehrer, die mein Leben immer noch beeinflussen, jetzt los.
- Ich lasse meinen Stress rund um Prüfungen los.
- Mein Bewusstsein ist hell und klar und voller Liebe.
- Erleuchtung bedeutet, nach innen zu gehen und zu wissen, wer ich wirklich bin.
- Erleuchtung geschieht, wenn ich mich wirklich liebe.

3.8 Die kritische innere Stimme

- Ich bin liebenswert und wertvoll.
- Ich verdiene es, mich selbst gut zu behandeln.
- Ich bin diese kritische innere Stimme wirklich leid.
- Ich möchte mich selbst nicht mehr so behandeln.
- Ich möchte diese kritische innere Stimme jetzt loslassen.
- Ich verdiene meine Liebe und meinen Respekt, auch wenn ich nicht perfekt bin.
- Ich verdiene die Liebe und den Respekt meiner Eltern, auch wenn ich eigene Wege gehe.
- Ich werde ihre Erwartungen an mich nicht mehr automatisch versuchen zu erfüllen.
- Ich gehe meinen eigenen Weg.
- Ich darf meinen eigenen Weg gehen.

- Ich kann meinen eigenen Weg gehen und gleichzeitig mit meinen Eltern liebevoll verbunden sein.
- Ich bin meinen Eltern dankbar, ich gehe aber meinen eigenen Weg.
- Ich habe das Recht, eigene Standards für mein Leben zu haben.
- Ich bin bereit, mich selbst genauso wie die Menschen zu behandeln, die ich liebe.
- Ich akzeptiere mich genauso, wie ich bin.
- Ich bin in Ordnung, genauso, wie ich bin.
- Ich genüge vollkommen.
- Ich bin ein guter Mensch und verdiene es, ohne permanente Selbstkritik zu leben.
- Ich mache meine Sache sehr gut.
- Ich habe das Recht, gut behandelt zu werden.
- Ich habe das Recht, mich selbst gut zu behandeln.
- Ich werde mich ohne die kritische innere Stimme gut und angemessen verhalten.
- Ich könnte Dinge wesentlich besser, wenn ich nicht ständig diese negativen Kommentare in meinem Kopf zu allem hören würde.
- Die negativen Kommentare in meinem Kopf entmutigen mich.
- Die negativen Kommentare in meinem Kopf blockieren mich und hindern mich daran, neue Dinge auszuprobieren.
- Ich bin eine gute Tochter/ein guter Sohn, auch wenn ich nicht alles tue, was meine Eltern von mir erwarten.
- Ich muss mich nicht ständig selbst bewerten, vergleichen oder kontrollieren.
- Ich bin mir selbst treu.
- Ich möchte keine Kopie meiner Eltern sein.
- Ich bin ich selbst.

- Ich darf ich selbst sein.
- Ich bin frei von vergangenen Begrenzungen.
- Ich bin die Kraft und Autorität in meinem Leben.
- Ich bin nicht hier, um die Erwartungen anderer Menschen zu erfüllen.
- Ich wachse über die Grenzen meiner Eltern hinaus.
- Ich darf über die Grenzen meiner Eltern hinauswachsen.
- Ich löse mich von Konkurrenzdenken und dem Vergleichen mit anderen.
- Es ist jetzt für mich an der Zeit, selbstständig zu denken.

3.9 Perfektionismus

- Ich bin liebenswert und wertvoll, egal, was ich tue.
- Ich kann mich entspannen und loslassen.
- Ich kann mir selbst vertrauen.
- Ich kann Dinge um ihrer selbst willen tun, und nicht wegen des Ergebnisses.
- Ich muss die überzogenen, unrealistischen Erwartungen meiner Eltern nicht mehr erfüllen.
- Ich kann in Frieden mit mir sein und meine Dinge trotzdem gut machen.
- Ich darf Fehler machen.
- Ich mag mich selbst.
- Ich achte und schätze mich.
- Ich achte und schätze andere.
- Es ist in Ordnung, wenn ich nicht überall der/die Beste bin.
- Ich darf üben.
- Ich darf Dinge einfach ausprobieren, ohne sie sofort perfekt beherrschen zu müssen.

- Ich kann mich entspannen, ohne dass alles auseinanderfällt.
- Ich kann Dinge auch mit Freude und Leichtigkeit tun.
- Ich liebe und akzeptiere mich genauso, wie ich bin.
- Gott liebt mich genauso, wie ich bin.
- Ich lerne aus jeder Erfahrung, und es ist völlig in Ordnung, Umwege zu machen.
- Es gibt keine Fehler, nur Erfahrungen.

3.10 Aufschieben/Verzögern

- Ich tue Dinge um ihrer selbst willen.
- Ich tue alles Notwendige, um diese Gewohnheit zu überwinden.
- Dinge fallen mir leicht und machen Spaß.
- Ich sehe den Wert darin, Dinge pünktlich zu erledigen.
- Es macht Spaß, Dinge pünktlich zu erledigen.
- Ich bin bereit, neue Arbeitsgewohnheiten zu entwickeln.
- Hinauszögern und verschieben kostet mich viel Zeit, Energie und Nerven.
- Ich tue Dinge mir zuliebe.
- Ich tue Dinge, weil ich es möchte.
- Ich erkenne den Wert eines guten Zeitmanagements.
- Mein Geist ist klar und frei.
- Ich habe für jede Aufgabe, die ich heute erledigen muss, genügend Zeit.
- Ich habe die Disziplin, das zu erreichen, was ich möchte.
- Ich habe die Disziplin, meine Ziele zu erreichen.
- Ich bin diszipliniert.
- Ich bin gut organisiert.
- Ich lasse alle Störungen in meinem System los.
- Ich lasse alle Verwirrungen in meinem System los.

- Ich organisiere meine Prioritäten.
- Es ist sicher für mich, gut organisiert zu sein.
- Gut organisiert zu sein, bringt mir Frieden.
- Ich bin organisiert und trotzdem flexibel.
- Ich bin diszipliniert und trotzdem flexibel.
- Ich erkenne den Wert davon, gut organisiert zu sein.

3.11 Angst vor Veränderung/Transformation

- Veränderungen sind oft Verbesserungen.
- Ich bin immer in Sicherheit und ich kann mich entspannt verändern.
- Ich kann mich verändern, und gleichzeitig Teil meiner Familie/meines Freundeskreises/meines Lebens sein.
- Ich bin immer ich selbst.
- Jede bewusste Veränderung lässt mich mehr ich selbst sein.
- Ich stehe zu mir und zu meinen Wünschen und Bedürfnissen.
- Ich möchte mich verändern.
- Ich darf mich verändern.
- Nichts, was ich tue, kann meinen inneren Wert verändern.
- Ich kann Teil meiner Familie sein, auch ohne mich in ihre Dramen zu verwickeln.
- Ich verdiene es, von Menschen umgeben zu sein, die mich lieben und akzeptieren.
- Ich verdiene es, von Menschen umgeben zu sein, die mich in meiner Veränderung unterstützen.
- Ich bin bereit, die Art und Weise zu verändern, mit der ich mich selbst behandele.
- Ich möchte mit Achtung und Respekt behandelt werden.
- Ich verdiene es, mit Achtung und Respekt behandelt zu werden.

- Ich bin bereit, alles mir Mögliche zu tun, um Veränderungen herbeizuführen, die mein Leben angenehmer und schöner machen.
- Ich finde es toll, zu lernen, zu wachsen und mich zu wandeln.
- Ich lasse alle Themen, Blockaden und Ängste rund um Veränderung jetzt los, und ich erlaube mir, meine Träume, Ziele und Ambitionen zu erfüllen.
- Ich heiße das Neue mit Leichtigkeit willkommen.
- Veränderung ist die Energie des Wachstums und ich heiße diese Energie willkommen.
- Ich lasse allen Stress rund um Veränderung jetzt los.
- Ich schaffe/erzeuge jetzt nicht länger Widerstand gegen Veränderung.
- Ich schaffe/erzeuge jetzt nicht länger Angst vor Veränderung.
- Veränderung ist ein natürlicher Teil meines Lebens und ich genieße das Neue.
- Ich lasse jetzt meine vergangenen Belastungen los, die mich an Veränderung hindern.
- Veränderung ist ein spannender Teil meines Lebens.
- Ich öffne mich jetzt für neue Möglichkeiten und neue Orte.
- Ich erlaube mir selbst, mich in Übereinstimmung mit meinem höchsten Besten zu verändern.
- Ich erreiche meine Ziele durch meine Bereitschaft, mich zu verändern.
- Ich lasse jetzt alles Aufschieben und Verzögern los und öffne mich für Veränderung.
- Ich lasse jetzt alle Stagnation los und lade Veränderung ein.
- Es ist sicher für mich, aus meiner Komfortzone herauszutreten und Veränderung einzuladen.
- Ich bleibe geerdet und zentriert während des Veränderungsprozesses.
- Ich bin in Frieden mit Veränderung.

- Ich verändere mich nur auf positive Art und Weise.
- Ich lasse alle hypothetischen Gedanken los, die mich daran hindern, mich zu verändern.
- Es ist in Ordnung für mich, mich in meinem Tempo zu verändern.
- Ich erlaube mir selbst, mich zu verändern.
- Es ist sicher für mich, mich in mein wirkliches Selbst zu verändern/transformieren.
- Ich lasse alle alten Muster los und erlaube mir selbst mich zu verändern.
- Transformation/Veränderung ist sicher für mich.
- Transformation/Veränderung ist leicht für mich.
- Ich habe die Fähigkeit, meine Gedanken zu verändern/transformieren.
- Ich habe die Fähigkeit, meine Emotionen zu verändern/transformieren.
- Ich habe die Fähigkeit, mein Leben zu verändern/transformieren.
- Ich habe die Fähigkeit, meine Überzeugungen zu verändern/transformieren.
- Ich transformiere Negatives in Positives.
- Während ich mich verändere, fülle ich mich mehr und mehr mit Licht an.
- Ich bin jetzt offen für Veränderung.
- Ich lasse genetische Belastungen los, die meine Veränderung blockieren.
- Veränderung ist ein natürlicher Teil des Wachstums.
- Jeder Aspekt meines Lebens ist frei und bereit für Veränderung.
- Ich lasse alle Angst vor Veränderung los.
- Ich erlaube mir selbst, das Beste zu sein, was ich kann.
- Ich bin bereit, das Beste zu sein, was ich sein kann.

3.12 Entscheidungen

- Ich kann mich leicht und klar entscheiden.
- Entscheidungen zu treffen, fällt mir leicht.
- Ich bin frei, zu tun, wofür auch immer ich mich entscheide.
- Ich habe das Vertrauen in mich, Entscheidungen zu treffen.
- Ich bleibe entspannt, wenn ich Entscheidungen treffe.
- Ich nutze meine Fähigkeit, Entscheidungen zu treffen, um meinem Leben die bestmögliche Richtung zu geben.
- Entscheidungen sind nicht länger eine Belastung für mich, und ich wäge alle Möglichkeiten sorgfältig gegeneinander ab, bevor ich mich entscheide.
- Ich genieße die Freiheit und die Fähigkeit, in der Lage zu sein, die richtigen Entscheidungen für mich zu treffen.
- Ich werde all das erreichen, was ich mir wünsche, durch die Entscheidungen, die ich treffe.
- Ich treffe alle meine Entscheidungen auf der Basis dessen, was ich möchte.
- Ich erlaube es anderen nicht länger, meine Entscheidungen zu treffen.
- Ich erlaube es meinen Eltern jetzt nicht länger, meine Entscheidungen zu treffen.
- Ich erlaube es meinen Freunden jetzt nicht länger, meine Entscheidungen zu treffen.
- Ich erlaube es meinem Partner jetzt nicht länger, meine Entscheidungen zu treffen.
- Ich entscheide mich mit Ruhe und Vertrauen.
- Ich lasse alles Verzögern und Hinausschieben jetzt los, wenn ich meine Entscheidungen treffe.
- Ich zögere jetzt nicht länger, wenn ich mich entscheide.
- Ich treffe meine Entscheidung zum höchsten Besten von allen Beteiligten.

- Ich löse Probleme mit Leichtigkeit.
- Ich lasse alle Frustration in Bezug auf Entscheidungen jetzt los.
- Ich lasse allen Stress in Bezug auf Entscheidungen jetzt los.
- Ich lasse alle vergangenen Verletzungen in Bezug auf Entscheidungen jetzt los.
- Ich lasse alle genetischen Informationen los, die mir im Bezug auf Entscheidungen Stress bereitet haben.
- Ich wähle nur das, was ich möchte.
- Ich lasse die Meinung anderer jetzt los, wenn ich Entscheidungen treffe.
- Ich bin offen, auf den Rat anderer zu hören, und trotzdem meine eigenen Entscheidungen zu treffen.
- Meine Entscheidungen sind immer in Übereinstimmung mit meinem höchsten Besten.
- Ich lasse alle Schuld jetzt los, wenn ich Entscheidungen treffe.
- Ich lasse alle Angst jetzt los, wenn ich Entscheidungen treffe.

3.13 Gefühle

- Gefühle zu haben und zu zeigen, ist sicher, gesund und gut für mich.
- Gefühle machen das Leben bunt und reich.
- Gefühle sind ein wichtiger, wertvoller Teil meiner Identität.
- Auch wenn ich Gefühle fühle und sie zeige, kann ich bei mir und in meiner Mitte sein.
- Andere Menschen haben Verständnis für meine Gefühle.
- Ich habe Verständnis für meine Gefühle.
- Ich habe Verständnis für die Gefühle anderer.
- Gefühle sind ein ganz normaler Teil meines Lebens.
- Ich kann mich immer entscheiden, ob ich etwas, das ich fühle, auch ausdrücken möchte.

- Ich bin in Frieden mit mir.
- Gefühle sind wertvoll und wichtige Informationen für mich.
- Gefühle kommen und gehen wieder, wenn ich sie nicht unterdrücke oder blockiere.
- Ich kann meine Gefühle gefahrlos erleben.
- Ich lasse meine Gefühle zu, lerne die damit verbundenen Lektionen und gehe weiter.

Abhängigkeit von Gefühlen

- Ich kann zwischen Gewohnheitsgefühlen und echten Gefühlen unterscheiden.
- Meine Identität besteht nicht aus meinen gewohnheitsmäßigen Gefühlen.
- Ich bin mehr als meine Gedanken und Gefühle.
- Ich bin nicht meine Gefühle.
- Ich freue mich auf neue, frische Gefühle und Erfahrungen.
- Angst, Sorge und Anspannung
- Ich bin in Sicherheit.
- Ich bin immer und überall geborgen.
- Es ist alles gut.
- In der Gegenwart ist alles in Ordnung.
- Ich lasse jetzt meine Sorgen und Ängste zu 100 Prozent los.
- Ich lasse die Anspannung in meinem System los.
- Ich ersetze Anspannung mit Frieden.
- Jede Zelle in meinem Organismus ist voll von Frieden.
- Jede Zelle in meinem Organismus ist voll von Liebe.
- Ich befasse mich jetzt mit jeder Herausforderung in meinem Leben so, wie sie kommt, und ich weigere mich, darüber zu spekulieren, was oder was nicht geschehen könnte.

- Ich bin in der Gegenwart.
- Ich bin ruhig und zentriert.
- Ich bin 100 Prozent sorgenfrei.
- Ich bin 100 Prozent angstfrei.
- Ich löse auf sichere und einfache Art alle Sorgen und Ängste in meinen Zellen auf.
- Angst zu haben und mir Sorgen zu machen, ist eine Verschwendung meiner Energie.
- Ich ersetze Anspannung und Sorge mit Liebe und Frieden.
- Ich ersetze Anspannung und Sorge mit positiven Gedanken.
- Ich kläre meinen Geist von Sorgen.
- Ich kläre meine Seele von Sorgen.
- Ich kläre meine Emotionen von Sorgen.
- Sorgenfrei zu sein, bringt mir Freiheit.
- Sorgenfrei zu sein, bringt mir Frieden.
- Ich beschäftige mich mit Situationen nur dann, wenn ich sie wirklich erlebe.
- Ich lasse alle Sorgen in Bezug auf meine Kinder los.
- Ich lasse alle Sorgen in Bezug auf meine Familie los.
- Ich lasse alle Sorgen in Bezug auf meine Freunde los.
- Ich lasse die Sorgen anderer los.
- Sorgenfrei zu sein, ist jetzt nicht länger Stress für mich.
- Ich brauche jetzt nicht länger Sorgen und Ängste und Anspannung in meinem Leben.
- Ich lasse alle Ängste los, die mich im Moment noch zurückhalten.
- Ich lasse alle Ängste aus meiner Kindheit los.
- Ich lasse alle Ängste aus meiner Kindheit los, die mein erwachsenes Leben beeinflussen.

- Ich lasse alle Ängste in Bezug auf Beziehungen los.
- Ich lasse alle Ängste in Bezug auf mein spirituelles Wachstum los.
- Ich lasse jetzt alle Programme los, die Angst in meinem Sein ervorrufen.
- Ich gehe von jetzt an voran ohne Angst.
- Ich lasse all die Ängste der anderen los, sodass ich mich mit meinen Ängsten beschäftigen kann.
- Ich lasse alle Ängste los, und ich ersetzte sie mit Liebe.
- Ich ersetze alle Ängste mit positiven Emotionen.
- Es ist sicher für mich, meine Angst loszulassen.
- Ich habe die Fähigkeit, Angst zu überwinden.
- Ich lasse jetzt nicht länger Angst mein Leben regieren.
- Ich bin sicher.
- Meine Vergangenheit, meine Gegenwart und meine Zukunft sind frei von Angst.
- Ich lasse jetzt auf sichere und einfache Art und Weise alle Ängste aus meinem Unterbewusstsein los.

Wut

- Ich bin entspannt und gelassen.
- Ich bin ruhig.
- Ich bin in Frieden.
- Wut ist eine Gewohnheit und ich entscheide mich dafür, sie durch Gelassenheit und Wohlwollen zu ersetzen.
- Ich fühle mich jetzt sicher genug, um alle Wut aus meinen Systemen auf sichere, sanfte und einfache Weise loszulassen.
- Ich bin frei von Wut und ich ersetze diese Emotion mit Liebe und Frieden.

- Ich lasse alle Urteile und Vorurteile los, die mich wütend machen.
- Ich kann mich selbst ausdrücken, ohne wütend zu werden.
- Ich bleibe immer in meiner persönlichen Kraft.
- Ich muss mich nicht länger wütend fühlen.
- Ich ersetze alle Wut mit Liebe.
- Ich ersetze alle Wut mit Frieden.
- Ich lasse alle Wut über vergangene Fehler los.
- Ich gehe mit Wut in konstruktiver Art und Weise um.
- Ich lasse alle Wut los, die durch meine Lebenslektion verursacht worden ist.
- Ich lasse alle meine Wut los, die durch vergangene Verletzungen verursacht worden ist.
- Ich nehme immer Liebe auf, und das löst meine Wut auf.
- Ich lasse alle Wut meiner Kindheitserinnerungen los.
- Ich lasse alle Wut meiner Schulerinnerungen los.
- Ich lasse alle Vorteile und Urteile meiner Familie gegenüber los.
- Es ist in Ordnung für mich, Liebe und Frieden zu fühlen.
- Es ist sicher für mich, Liebe und Frieden zu fühlen.

Schuld

- Ich liebe mich.
- Ich darf Fehler machen.
- Ich bin ein guter Mensch.
- Gott liebt mich vollkommen und bedingungslos.
- Ich tue immer das Beste, was mir zu diesem Zeitpunkt möglich ist.
- Ich übernehme Verantwortung und löse mich von Schuld.

- Schuld ist überflüssig und nützt niemandem, deshalb übernehme ich jetzt Verantwortung.
- Ich bin frei von Schuld.
- Ich vergebe mir selbst, und das befreit mich von Schuld.
- Ich lasse 100 Prozent aller Schuld los, die in meinem System gespeichert ist.
- Ich erhebe meine Energien über die Energie von Schuld.
- Ich habe keinen Grund, mich schuldig zu fühlen.
- Ich lasse alle Schuld los, die von meinen Lebenslektionen verursacht worden ist.
- Ich lasse alle Schuld los, die mir von außen übergestülpt worden ist.
- Mein Gewissen ist rein und klar.
- Ich lasse alle genetische Schuld los.
- Ich lasse alle Schuld los, die dadurch verursacht worden ist, dass ich mir Zeit für mich selbst genommen habe.
- Ich kann mich selbst ausdrücken, ohne mich schuldig zu fühlen.
- Ich öffne mich dafür, meine Kreativität zu entdecken, ohne mich schuldig zu fühlen.
- Ich kann mich selbst an erster Stelle stellen, ohne mich schuldig zu fühlen.
- Es ist in Ordnung, Nein zu sagen.
- Mich selbst an erste Stelle zu stellen, ist in Ordnung.
- Es ist in Ordnung, meine Meinung zu sagen.
- Ich habe nicht länger das Bedürfnis, mich schuldig zu fühlen.
- Ich lasse alle Schuld los, die durch vergangene Fehler verursacht worden ist.
- Ich fühle mich jetzt nicht länger schuldig wegen Dingen, die ich hätte tun sollen.

- Ich fühle mich jetzt nicht länger schuldig wegen Dingen, die ich nicht getan habe.
- Ich lasse die Schuld von anderen jetzt los.
- Ich erlaube es anderen nicht länger, Schuld auf mir abzuladen.
- Was auch immer ich wähle zu tun, ist richtig für mich.

Vertrauen

- Ich bin Vertrauen.
- Ich vertraue.
- Vertrauen ist meine innere Qualität, egal, ob es erwidert wird oder nicht.
- Es ist sicher für mich, mir selbst zu vertrauen.
- Es ist sicher für mich, anderen zu vertrauen.
- Es ist sicher für mich, mich zu öffnen, und ich erlaube mir selbst, mir und anderen zu vertrauen.
- Ich erlaube mir selbst, mir und anderen zu vertrauen.
- Es gibt viele vertrauenswürdige Menschen in meinem Leben.
- Ich lasse auf sichere und einfache Art alle vergangenen Belastungen los, die meine Fähigkeit zu vertrauen, blockieren.
- Ich erlaube mir selbst, enge Beziehungen zu haben, und jede Freundschaft bedeutet mir sehr viel.
- Ich lasse auf sichere und einfache Art alle vergangenen Belastungen los, und erlaube mir selbst, wieder zu vertrauen.
- Ich habe wunderbare Freunde, die mein Vertrauen verdienen.
- Es gibt viele wunderbare Menschen in meinem Leben, die mein Vertrauen verdienen.
- Ich lasse alle Kindheitserfahrungen los, die meinen Mangel an Vertrauen verursacht haben.
- Ich lasse alle Beziehungsthemen los, die meinen Mangel an Vertrauen verursacht haben.

- Ich lasse alle Familienthemen los, die meinen Mangel an Vertrauen verursacht haben.
- Ich kann meinem Partner vertrauen.
- Es ist sicher für mich, vertraute Beziehungen zu haben.
- Es ist sicher für mich, Menschen in mein Leben treten zu lassen.
- Es ist sicher für mich, Freunde zu haben.
- Ich öffne mich für die Energie von Vertrauen.
- Ich brauche mich nicht länger auf Distanz zu Menschen halten.
- Ich lasse alle Angst los, die verhindert, dass ich Menschen vertraue.
- Ich lasse alle Wut los, die verhindert, dass ich Menschen vertraue.
- Ich vergebe allen Menschen, die mich betrogen haben.
- Ich bin in der Lage, schnell zu erkennen, wer mein Vertrauen wert ist.
- Ich vertraue darauf, dass das Universum mich mit allem versorgen wird.
- Ich vertraue meiner Intuition.
- Ich vertraue meiner inneren Führung.
- Ich habe vollkommenes Vertrauen in meine eigenen Entscheidungen.
- Ich habe nicht länger das Bedürfnis, misstrauisch anderen gegenüber zu sein.
- Ich lasse alle vergangenen Erfahrungen los, die mein Vertrauen blockieren.
- Ich lasse alle genetische Themen los, die mein Vertrauen blockieren.
- Ich bin frei, denjenigen zu vertrauen, die ich mir aussuche.
- Die Meinungen meiner Eltern beeinflussen nicht länger meine Wahl, wem ich vertraue.

Glück und Freude

- Ich bin glücklich.
- Ich bin glücklich darüber, lebendig zu sein.
- Ich bin voller Freude.
- Jede Zelle in meinem Organismus ist voll von Freude und Glück.
- Mein Herz ist voll von Freude.
- Ich bin offen für Glück.
- Ich bin offen für Freude.
- Ich lasse Traurigkeit los, und heiße Glück und Freude in meinem Leben willkommen.
- Leben ist eine Freude, und ich bin glücklich, das jeden Tag zu erfahren.
- Ich mache Dinge, die mich glücklich machen.
- Ich lasse sicher und einfach vergangene Belastungen los und heiße Glück in meinem Leben willkommen.
- Ich lasse sicher und einfach genetische Informationen los und heiße Glück in meinem Leben willkommen.
- Ich freue mich über die kleinsten Dinge.
- Ich bin glücklich und gesund.
- Ich bin glücklich, ich selbst zu sein.
- Es ist in Ordnung, glücklich zu sein.
- Ich bin dafür geboren, Freude in meinem Leben zu erfahren.
- Ich erlaube jetzt dem Glück, sich zu zeigen.
- Ich drücke mein Glück mit Leichtigkeit und Freude aus.
- Ich drücke meine Freude mit Leichtigkeit aus.
- Ich bin offen dafür, Glück zu erfahren.
- Ich bin offen dafür, Glück zu fühlen.

- Ich bin offen dafür, Freude zu erfahren.
- Es ist sicher, die glücklichen Erinnerungen in meinem Leben wiederzuerleben.
- Ich fühle mich jeden Tag glücklicher und glücklicher.
- Ich bin glücklich und zufrieden mit meinem Partner.
- Ich bin glücklich und zufrieden mit meinen Kindern.
- Ich bin glücklich und zufrieden mit meinen Freunden.

Flexibilität

- Ich bin flexibel und anpassungsfähig.
- Ich bin flexibel und entspannt.
- Mein Körper, mein Geist und meine Seele sind flexibel.
- Ich kann mich gut auf neue Dinge und Situationen einstellen.
- Mein physischer Körper ist flexibel und frei von jeder Starrheit und Einschränkung.
- Ich bin flexibel und anpassungsfähig, und ich heiße Veränderungen willkommen.
- Ich bin in der Lage, mich an veränderte Lebensumstände anzupassen.
- Ich lasse vergangene Verletzungen los, die meine Flexibilität beeinträchtigen.
- Ich lasse alle genetischen Informationen los, die meine Flexibilität beeinträchtigen.
- Ich kann Pläne und Ziele haben und trotzdem flexibel sein.
- Ich lasse allen Stress in Bezug auf Flexibilität los.
- Flexibilität bereichert mein Leben.
- Ich bin frei und anpassungsfähig.
- Ich lasse alle Einschränkungen in meinem Leben los.
- Es ist sicher für mich, flexibel zu sein.

- Jeden Tag werde ich flexibler.
- Ich bin flexibel in meinen Beziehungen.
- Ich bin flexibel in meiner Partnerschaft.
- Ich bin flexibel in meinem Leben.
- Ich bin flexibel in meinem Beruf.
- Ich löse jetzt alle Starrheit und Einschränkung in meinem Leben auf.
- Ich bin organisiert und flexibel.
- Ich kann flexibel und unterstützend sein.
- Flexibel zu sein, hilft mir, mich mit Leichtigkeit weiterzuentwickeln.
- Flexibel zu sein, gibt mir größere Freiheit.
- Flexibel zu sein, hilft mir, mit Leichtigkeit meinen Weg im Leben zu gehen.
- Flexibilität gibt mir Frieden.
- Ich bin flexibel, wenn ich vor Herausforderungen stehe.

Geduld

- Ich bin geduldig.
- Ich bin Geduld.
- Geduldig zu sein, bereichert mein Leben.
- Geduld ist ein Zeichen von innerer Stärke.
- Ich bin glücklich, einfach zu sein.
- Ich lebe in der Gegenwart, und die Zukunft kümmert sich um sich selbst.
- Ich habe Vertrauen in das, was ich tue und wohin ich gehe.
- Alles geschieht in meinem Leben zum richtigen Zeitpunkt.
- Ich lasse alle Erwartungen an die Zukunft los, und ich erlaube ihr, für sich selbst zu sorgen.

- Ich nehme mir meine Zeit in schwierigen Situationen.
- Ich bin immer zur richtigen Zeit am richtigen Ort.
- Ich lebe im jetzigen Augenblick und genieße jeden Moment.
- Ich bin in Frieden damit, wie mein Leben gerade ist.
- Ich bin sicher in der Gegenwart.
- Ich habe mehr als genug Zeit, all das zu tun, was ich tun muss und möchte.
- Ich erlaube es anderen Menschen, sich in ihrem eigenen Tempo zu entwickeln.
- Ich erlaube anderen Menschen, Dinge in ihrem eigenen Tempo zu tun.
- Ich erlaube meinen Beziehungen, sich in ihrem eigenen Tempo zu entwickeln.
- Ich erlaube meinen Kindern, sich in ihrem eigenen Tempo zu entwickeln.
- Ich erlaube meinem Partner, sich in seinem eigenen Tempo zu entwickeln.
- Ich lasse das Bedürfnis los, andere zu drängen.
- Ich habe ein perfektes Timing.
- Ich arbeite in Übereinstimmung mit dem universalen Timing.
- Ich lasse alle vergangenen Verletzungen los, die mich daran hindern, geduldig zu sein.
- Ich lasse alle genetischen Informationen los, die mich daran hindern, geduldig zu sein.
- Ich lasse allen Stress in Bezug auf Geduld los.
- Ich bin in Frieden damit, geduldig zu sein.
- Ich bin glücklich, im Fluss des Lebens zu sein.
- Ich lasse alle Emotionen los, die Ungeduld in mir hervorrufen.
- Es ist sicher für mich, geduldig zu sein.

- Ich bin glücklich in dem Wissen, dass alle Dinge trotzdem zu mir kommen, auch wenn ich geduldig bleibe.
- Ich bin geduldig mit anderen.
- Ich bin geduldig mit mir selbst.
- Ich kann geduldig sein, ohne zu verzögern und hinauszuschieben.
- Ich bin geduldig meinen Eltern gegenüber.
- Ich bin geduldig meinen Kindern gegenüber.
- Ich bin jederzeit und in jeder Situation geduldig.

4. Weltbild

4.1 Weltbild/Sicherheit
4.2 Spiritualität
4.3 Weg
4.4 Erde, Pflanzen und Tiere
4.5 Hier und Jetzt

4.1 Weltbild/Sicherheit

- Ich bin sicher in der Welt.
- Ich bin sicher in mir.
- Bei mir zu sein, ist die beste Voraussetzung, um mit den Ereignissen des Lebens zurechtzukommen.
- Das Leben/Schicksal liebt mich und unterstützt mich.
- Gott liebt und unterstützt mich.
- Ich darf mich entspannen.
- Andere Menschen lieben und unterstützen mich.
- Ich kann freundlich und sanft und trotzdem erfolgreich in der Welt sein.
- Es ist genug für mich da.
- Ich gehöre dazu.
- Ich werde immer unterstützt.
- Vertrauen ist ein natürlicher Teil meines Selbst.
- Ich darf mich entspannen.
- Es ist geschehen und vorbei - ich kann mich jetzt entspannen.
- Ich bin wichtig für diese Welt.
- Ich bin Gott wichtig.
- Ich gebe mir selbst die Erlaubnis, all meine Ängste jetzt loszulassen.

- Ich kann mein Leben ohne Angst vor der Zukunft leben.
- Ich kann mein Leben ohne Angst vor dem Unbekannten leben.
- Wenn ich meine persönliche Macht und Kraft annehme, weiß ich, dass ich mehr Kontrolle über mein Leben habe.
- Es ist in Ordnung, ohne Angst zu leben.
- Ich kann lernen, zu akzeptieren, was immer auch geschieht.
- Ich kann das, was passiert, als Teil eines größeren Plans ansehen, den ich vielleicht noch nicht verstehe.
- Ich entscheide mich dafür, mein Leben in Frieden zu leben.
- Ich kann nicht dafür entscheiden, mein Leben in Frieden zu leben.
- Ich kann mich dafür entscheiden, mein Leben zu genießen und keine Angst vor der Zukunft zu haben.
- Ich kann mich dafür entscheiden, in der Gegenwart zu leben und zu erkennen, dass ich heute und hier vollkommen sicher bin.
- Ich vertraue der Welt und akzeptiere alle Veränderungen, die notwendig sind.
- Ich bin mit allem verbunden.
- Mein Leben ist voller Wunder.
- Mein Leben ist von jetzt an ganz bunt und reich und bis in die tiefsten Tiefen hinein ausgefüllt.
- Von jetzt an öffnen sich ganz viele Türen in meinem Leben.
- Wohin ich auch gehe, ich bin immer geliebt und beschützt.
- Ich bin sicher und geborgen und alles ist gut.
- Ich ruhe in tiefer Geborgenheit.
- Ich fühle mich im Fluss des Lebens wohl und geborgen.
- Ich vertraue meinen intuitiven Fähigkeiten.
- Mit Leichtigkeit und Freude bewege ich mich meinen Zielen entgegen.

- Ich fühle mich geschützt und unterstützt.
- Ich werde immer unterstützt und geschützt.
- Ich umgebe mich selbst mit unterstützenden Menschen.
- Ich unterstütze mich selbst.
- Ich lasse alle genetischen Programme los, die meine Selbstschutzmechanismen blockieren.
- Ich lasse alle genetischen Programme los, die meine Unterstützungsmechanismen blockieren.
- Ich habe Zugang zu genau der richtigen Unterstützung und zu genau dem richtigen Schutz, den ich brauche.
- Ich weiß, wann ich Unterstützung und Schutz brauche.
- Es ist in Ordnung für mich, Unterstützung zu brauchen.
- Es ist in Ordnung für mich, Schutz zu brauchen.
- Es ist in Ordnung für mich, um Hilfe zu bitten.
- Ich bin dankbar für all die Unterstützung in meinem Leben.
- Ich bin offen dafür, die Unterstützung und den Schutz zu empfangen, den ich brauche.
- Ich bin sicher in mir und meinem Leben.
- Es ist sicher für mich, nach innen zu schauen.
- Ich fühle mich sicher in mir selbst.
- Es ist sicher für mich, mein wirkliches Selbst zu zeigen.
- Ich lasse all die Kindheitserinnerungen los, die mein Gefühl der Sicherheit blockieren.
- Ich lasse alle Erinnerungen los, die mein Gefühl der Sicherheit blockieren.
- Ich fühle mich zu Hause sicher.
- Ich fühle mich sicher in meinen Beziehungen.
- Ich fühle mich sicher bei der Arbeit.
- Ich fühle mich sicher mit/auf meinem Platz in der Welt.

- Ich bin sicher in meiner Position innerhalb der Familie.
- Ich bin dafür verantwortlich, dass ich sicher bin.

4.2 Spiritualität

- Ich bin mit allem verbunden.
- Ich bin Teil der Quelle.
- Ich bin zu Hause in dieser Welt.
- Ich bin genauso gewollt, willkommen und gemeint.
- Ich liebe mich vollkommen und Gott liebt mich vollkommen und bedingungslos.
- Ich bin (jetzt) in Sicherheit.
- Ich bin geborgen in allem, was ist.
- Ich bin jetzt sicher und kann mich entspannen.
- Mein Bewusstsein ist zeitlos und unsterblich.
- Ich kann Kontakt zu Gott/der Quelle erfahren/herstellen.
- Gott hört mir zu und liebt mich.
- Gott liebt mich vollkommen und bedingungslos.
- Gott liebt und unterstützt mich, wenn ich ihm/ihr eine Chance dazu gebe.
- Ich öffne mich für die Möglichkeit, dass mein Gott ein liebender Gott ist und mich über alles liebt.
- Ich öffne mich für die Möglichkeit, dass es eine höhere Macht/Intelligenz gibt und sich diese für mich interessiert/ mich diese über alles liebt.
- Ich bin bei Gott und Gott ist bei mir.
- Die Welt ist voller Wunder, Geheimnisse und Schönheit.
- Mein Leben ist voller Wunder.
- Bei Gott gibt es kein richtig und falsch, kein gut oder schlecht.

- Der Gedanke an mein Einssein mit dem Universum verleiht mir Stärke und Kraft in einer Welt, die sich verändert.
- Ich kann Gott in mir vertrauen.
- Ich habe eine direkte Verbindung zu der Kraft, die allem zugrunde liegt, und ich nutze sie.
- Ich liebe Gott/die göttliche Mutter, und Gott/die göttliche Mutter liebt mich.
- Ich bin sicher und beschützt in Gottes zeitloser, ständiger Gegenwart.
- Ich lasse jetzt alle vorgefertigten Ideen los, wie Wunder passieren sollten, und ich konzentriere mich auf all die wundervollen Dinge, die in meinem Leben jetzt passieren.
- Ich bin offen für Wunder auf allen Ebenen.
- Ich lasse alle genetische Informationen los, die verhindern, dass Wunder in meinem Leben geschehen.
- Ich lasse meine Angst vor Wundern los.
- Ich verdiene Wunder in meinem Leben.
- Wunder geschehen jeden Tag um mich herum.
- Ich bin dankbar für die Wunder in meinem Leben.
- Ich lasse alle Sabotagemuster los, die verhindern, dass Wunder in meinem Leben geschehen.
- Ich lasse alle unterbewussten Verdrängungen los, die verhindern, dass Wunder in meinem Leben geschehen.
- Ich lasse alle Emotion los, die verhindern, dass Wunder in meinem Leben geschehen.
- Ich schaffe meine eigenen Wunder.
- Ich bin dankbar für die Wunder, die ich erfahre.
- Ich bin gesegnet durch den Engel der Wunder.
- Das Leben ist ein Wunder.
- Ich sehe jede positive Veränderung in meinem Leben als ein Wunder.

- Ich sehe mein Leben als Wunder.
- Wunder sind Teil meines Lebens.

4.3 Weg

- Ich gehe meinen Weg.
- Ich finde meinen Weg.
- Ich bin mein Weg.
- Ich sperre mich nicht länger gegen meinen eigenen Weg.
- Ich öffne mich für meinen Weg.
- Ich lasse alle Widerstände los, meinen Weg zu gehen.
- Ich bin meinen Weg wert.
- Ich verpflichte mich meinem Weg.
- Ich erkenne und verstehe meine Aufgabe in diesem Leben.
- Ich fühle Freude und Aufregung, wenn ich meinen Weg folge.
- Auf meinem eigenen Weg zu sein, bringt mir Freude und Frieden.
- Ich lasse alle Themen, Blockaden und Ängste los, die verhindern, dass ich meinen Weg finde.
- Ich erkenne, dass es jetzt sicher für mich ist, meinen eigenen Weg zu gehen, und ich heiße ihn mit offenen Armen willkommen.
- Ich fühle mich jetzt sicher und geborgen mit meiner Aufgabe in diesem Leben.
- Ich lasse die Meinung anderer los, und das erlaubt mir, meinen eigenen Weg zu gehen.
- Mein Weg ist mein Geburtsrecht, und ich heiße diese Freiheit willkommen.
- Ich bin jetzt frei von vergangenen Belastungen, die mich davon abgehalten haben, meinen eigenen Weg zu gehen.
- Ich lasse alle Bedingungen los, die ich an meinen eigenen Weg geknüpft habe.

- Ich lasse alle vorgefassten Ideen los, wie sich mein Schicksal und mein Weg entfalten werden.
- Ich verstehe meinen Weg, und ich folge ihm mit Leichtigkeit und Freude.
- Ich lasse alle Erwartungen meiner Eltern an meinen Weg los.
- Ich entscheide mich jetzt dafür, alle Ängste in Bezug auf meinen Weg aufzulösen.
- Ich entscheide mich jetzt dafür, alle Wut in Bezug auf meinen Weg aufzulösen.
- Ich entscheide mich jetzt dafür, alle Schuld in Bezug auf meinen Weg loszulassen.

4.4 Erde, Pflanzen und Tiere

- Ich bin verbunden.
- Ich bin mit allem verbunden.
- Ich bin mit der Erde verbunden.
- Ich bin mit der Natur verbunden.
- Ich bin mit Tieren und Pflanzen verbunden.
- Die Gesundheit unserer Erde ist lebenswichtig für mich.
- Ich habe die Vision, dass die Erde ein wunderbarer Ort für alle ist.
- Ich liebe Tiere.
- Ich respektiere Tiere.
- Ich lasse alle Allergien auf Tiere jetzt los.
- Ich lasse alle Ängste vor Tieren jetzt los.
- Ich respektiere das Bedürfnis der Tiere, ihren eigenen Platz zu haben.
- Ich kann mit Tieren kommunizieren.
- Ich lasse alle Phobien in Bezug auf Tiere jetzt los.
- Ich liebe alle Pflanzen.

- Ich respektiere alle Pflanzen.
- Ich kann mit Pflanzen kommunizieren.
- Ich lasse alle meine Allergien auf Pflanzen jetzt los.
- Ich verbringe Zeit in der Natur.
- Ich respektiere und kümmere mich um die Natur.
- Ich tue, was ich kann, um der Umwelt zu helfen.
- Ich bin mit der heilenden Kraft der Natur verbunden.
- Zeit in der Natur zu verbringen, hilft mir, zentriert und geerdet zu sein.
- Ich arbeite mit der Erde zusammen.
- Ich bin verbunden mit allen Lebewesen.

4.5 Hier und Jetzt/Gegenwart

- Ich bin jetzt hier.
- Ich bin bewusst und klar.
- Ich bin in der Gegenwart.
- Hier und jetzt ist alles in Ordnung.
- Es ist wunderbar, ganz im Hier und Jetzt zu leben.
- In der Gegenwart zu leben, verleiht mir Klarheit und Kraft.
- Ich freue mich über den gegenwärtigen Augenblick.
- Im Hier und Jetzt ist alles lebendig und voller Wunder.
- Im jetzigen Moment erschaffe ich meine Zukunft.
- Ich bin vollkommen sicher in der Geborgenheit des jetzigen Augenblicks.
- Jetzt beginne ich ein neues Leben.
- Es gibt nur die Erfahrung des gegenwärtigen Augenblicks.
- Ich liebe den gegenwärtigen Augenblick.
- Ich bin geborgen im gegenwärtigen Augenblick.

- Ich bin in der Gegenwart.
- Ich bin nur in der Gegenwart.
- Mein Leben findet im Jetzt statt.
- Mein Leben findet in diesem Augenblick statt.
- Jetzt ist mein Leben.
- In der Gegenwart plane ich meine Zukunft.
- Vergangenheit und Zukunft sind vorbei und noch nicht da - nur die Gegenwart ist wirklich.

5. Gesundheit/Körper

5.1 Gesundheit/Körper/Schönheit
5.2 Energieniveau
5.3 Schlafprobleme
5.4 Sucht/Suchtdrang

5.1 Gesundheit/Körper/Schönheit

- Ich bin eine attraktive Frau/ein attraktiver Mann.
- Ich bin gesund und voller Energie.
- Ich bin offen und empfänglich für alles, was gut für mich ist.
- Ich verdiene es, vollkommen gesund zu sein.
- Ich öffne mich für Freude, Energie und Gesundheit.
- Ich bin vollkommen ruhig und gelassen in jeder Situation.
- Ich bin ganz in meinem Körper zu Hause.
- Ich bin meinem Körper dankbar für all die Arbeit, die er für mich tut.
- Mein Körper heilt von selbst, einfach und schnell.
- Mein Körper ist mein vertrauter Freund/meine vertraute Freundin - wir sind ein Team.
- Ich pflege meinen Körper liebevoll und aufmerksam.
- Mein Körper ist stark und weise und heilt sich selbst.
- Ich segne jede Zelle meines Körpers mit Liebe und Dankbarkeit.
- Jede Zelle meines Körpers freut sich über meine positiven geistigen Bilder.
- Ich staune über die unglaublichen Fähigkeiten meines Körpers.
- Ich erlaube es mir, vollkommen gesund zu sein.
- Ich darf vollkommen gesund sein.

- Ich achte interessiert und bewusst auf die Botschaften meines Körpers.
- Gesundes, nahrhaftes Essen schenkt mir Energie und hält mich im Gleichgewicht.
- Jede Zelle meines Körpers ist von unbegrenzter, freudiger Lebenskraft erfüllt.
- Ich erkenne meine innere Schönheit.
- Ich atme tief, zusammenhängend und entspannt.
- Ich fühle mich körperlich stark.
- Ich erlaube mir jetzt, fit zu sein.
- Ich bin glücklich darüber, zu leben.
- Ich lasse jetzt alle Sabotagemuster los, die eine Störung in meinem physischen Körper verursachen.
- Ich kann meinen physischen Körper entspannen und erfrischen.
- Ich erlaube den Energien meines physischen Körpers, in der Energie des Jetzt zu sein.
- Ich löse jetzt alle Nebenwirkungen von Medikamenten in meinem physischen Körper auf.
- Ich sperre mich nicht länger gegen mein Leben, und das erlaubt meinem physischen Körper auf seinem optimalen Level zu funktionieren.
- Ich kümmere mich um meinen physischen Körper.
- Ich erlaube jetzt meinem physischen Körper, ohne Einschränkungen zu funktionieren.
- Ich lasse jetzt mein Bedürfnis los, an Krankheiten festzuhalten.
- Ich lasse jetzt mein Bedürfnis los, an Schmerzen festzuhalten.
- Ich löse jetzt sicher und einfach emotionale Belastungen und erlange meine Gesundheit wieder.
- Man Körper ist frei von Schmerz und Krankheit.
- Ich fühle mich sicher genug, um Schmerz loszulassen.

- Ich fühle mich sicher genug, um Krankheit loszulassen.
- Ich entscheide mich jetzt, meine Energien darauf zu fokussieren, meine Gesundheit wiederzuerlangen.
- Ich fühle mich gesund, jetzt und immer.
- Ich nehme jetzt keine Krankheiten oder Schmerzen von anderen mehr auf.
- Ich fühle mich wohl und fit.
- Ich bin es wert, gesund zu sein.
- Ich löse alle Erinnerungen an vergangene Krankheiten aus meinen Zellen.
- Ich löse alle vergangenen Schmerzen aus meinen Zellen.
- Ich verdiene es, gesund zu sein.
- Ich lasse alle genetische Konditionierung los, die meine Gesundheit negativ beeinflusst.
- Ich öffne mich dafür, gesund zu werden.
- Ich bin offen, gesund zu sein.
- Ich konzentriere meine Energien darauf, wieder gesund zu werden.
- Wenn ich mein Gefühl für mich selbst vertiefte, denn verstärkt das meine innere und äußere Schönheit.
- Ich bin schön, genauso wie ich bin.
- Ich fühle mich schön.
- Es ist sicher für mich, schön zu sein.
- Ich erlaube mir selbst, schön zu sein.
- Ich lasse jetzt mein Bedürfnis los, mich zu verstecken.
- Ich bin innerlich und äußerlich schön.
- Ich sehe meine Schönheit als einen Segen.
- Es ist in Ordnung für mich, mich schön zu fühlen.
- Es ist in Ordnung für mich, schön zu sein.

- Ich strahle Liebe aus und ziehe Liebe an, und das sorgt dafür, dass ich mich schön fühle.
- Ich verbinde mich mit meiner inneren Schönheit.

Bewegung/Fitness

- Ich bin körperlich fit.
- Ich genieße Bewegung.
- Bewegung erlaubt mir, mich fit, stark und gesund zu fühlen.
- Ich genieße es, fit zu werden.
- Jeden Tag fühle ich mich gesünder und fitter.
- Ich bin mir selbst verpflichtet, fit und gesund zu werden.
- Ich bewege mich in Übereinstimmung mit meinem Fitnesslevel und das verbessert nach und nach meine Fitness.
- Je fitter ich körperlich werde, desto fitter werde ich auf allen anderen Ebenen.
- Ich lasse alle vergangenen Belastungen los, die meine Fitness beeinträchtigen.
- Ich lasse alle genetischen Belastungen los, die meine Fitness beeinträchtigen.
- Ich habe mehr als genug Zeit, mich zu bewegen.
- Ich erlaube mir selbst, fit zu werden.
- Ich verdiene es, fit und gesund zu sein.
- Alle meine Körpersysteme sind fit und gesund.
- Ich lasse alle sozialen Stereotypen in Bezug auf Fitness jetzt los.
- Ich lasse alle familiären Stereotypen in Bezug auf Fitness jetzt los.
- Ich habe die Willenskraft, fit zu werden.
- Ich habe die Motivation, fit zu werden.
- Ich mache Sport, weil es mir Spaß macht und mich entspannt.

- Ich lasse auf sichere Art und Weise alle Blockaden los, die meine Fitness beeinträchtigen.
- Wenn ich mich bewege, tue ich das in Übereinstimmung mit meinem persönlichen Fitnesslevel.

Allergien

- Ich habe die Kraft, mich von meinen Allergien zu befreien.
- Ich bin frei von Allergien.
- Ich bin im Sommer allergiefrei.
- Ich bin im Herbst allergiefrei.
- Ich bin im Winter allergiefrei.
- Ich bin im Frühling allergiefrei.
- Ich bin glücklich, keine Allergien zu haben.
- Es ist sicher für mich, allergiefrei zu sein.
- Ich trete aus meiner Komfortzone heraus und lasse alle Allergien jetzt los.
- Ich lasse auf sichere Art und Weise alle Allergien aus meinem Organismus los.
- Ich finde die Themen hinter meinen Allergien, und ich lasse sie mit Liebe los.
- Ich brauche nicht länger Allergien in meinem Leben.
- Ich lasse alle Allergien auf einmal aus meinem Organismus los.
- Ich lasse alle vergangenen Belastungen auf sichere und einfache Weise los, die meine heutigen Allergien verursachen.
- Ich lasse alle genetischen Themen los, die meine Allergien heute verursachen.
- Ich verwende nicht länger meine Allergien als eine emotionale Krücke.
- Ich lasse alle Angst los, die zu meinen Allergien beiträgt.

- Ich lasse alle Wut los, die zu meinen Allergien beiträgt.
- Ich lasse alle Schuld los, die zu meinen Allergien beiträgt.
- Ich lasse jetzt die Macht der Allergien über mich los.
- Allergien sind nicht länger Teil meines Lebens.
- Ich lasse alle körperlichen Effekte/Symptome der Allergien auf leichte, sichere und sanfte Art los.
- Ich lasse alle emotionalen Effekte/Symptome meiner Allergien auf sichere, sanfte und einfache Weise los.
- Ich lasse alle genetischen Dispositionen für Allergien jetzt los.
- Ich lasse alle Allergien auf Nahrungsmittel jetzt einfach und sicher los.
- Ich lasse jetzt alle Allergien auf die Umgebung auf sichere und einfache Weise los.
- Ich lasse jetzt alle Energien auf Medikamente auf sichere und einfache Weise los.
- Ich lasse jetzt alle energetischen Anhaftungen an Menschen, Tiere, Pflanzen oder Dinge los, die meine Allergien verursachen.

Schmerzen

- Mein Körper ist gesund und flexibel.
- Ich lasse alle meine Schmerzen jetzt gehen.
- Ich bin schmerzfrei.
- Ich kann Schmerz loslassen.
- Ich kann alle Schmerzen erkennen und aus meinem System lösen.
- Ich bin schmerzfrei und umarme jeden Tag mit Liebe und Freude.
- Es ist sicher für mich, meine Schmerzen loszulassen.
- Ich kann die Themen lösen, die den Schmerz hervorrufen.
- Ich kann die Emotionen lösen, die den Schmerz hervorrufen.

- Ich lasse all den Schmerz los, den mir nicht länger hilft/dient.
- Mein Körper funktioniert frei von Schmerz.
- Ich entspanne alle angespannten Muskeln, die Schmerzen verursachen.
- Ich kann auch ohne Schmerz und Leid lernen.
- Ich kann aus Freude lernen und muss nicht an Schmerz und Leid festhalten.
- Ich erkenne die Themen hinter dem Schmerz und löse sie, um mein inneres Gleichgewicht wiederherzustellen.
- Ich nehme jetzt nicht länger den Schmerz von anderen auf, und ich lasse jetzt ganz sicher und einfach all den Schmerz von anderen los.
- Ich bin frei von den Schmerzen anderer Menschen.
- Ich löse jetzt alle genetischen Programme, die Schmerz hervorrufen.
- Ich bin in Frieden mit meinen Schmerzen.
- Ich versteckte mich jetzt nicht länger hinter meinen Schmerzen.
- Ich löse jetzt alle Sabotagemuster, die meinen Schmerz hervorrufen.
- Ich löse jetzt all das Verdrängte, das den Schmerz hervorruft.
- Ich lerne Schmerz als ein Alarmsignal zu betrachten, das mich aufweckt und mir zeigt, auf meine innere Weisheit zuhören.
- Ich löse alle Schmerzen aus meiner Zellerinnerung.
- Ich werde vor dem Schmerz nicht kapitulieren.

5.2 Energieniveau

- Ich bin gesund und voller Energie.
- Ich habe Kraft und Energie.

- Ich bin Energie.
- Ich bin Kraft.
- Ich bin lebendig.
- Ich bin Leben.
- Ich lebe.
- Meine Verbundenheit mit allem gibt mir Kraft und Energie.
- Ich sperre mich nicht länger gegen mein Leben.
- Ich nehme mein Leben an.
- Ich öffne mich für mein Leben.
- Ich öffne mich für Freude, Energie und Gesundheit.
- Ich sage Ja zum Leben.
- Ich bin ganz in meinem Körper zu Hause.
- Ich habe Kraft, Energie und Lebensfreude im Überfluss.
- Jede Zelle meines Körpers ist von unbegrenzter, freudiger Lebenskraft erfüllt.
- Ich gönne mir die Ruhe, die ich brauche.
- Meine innere Kraft nimmt ständig zu - ich bin ein Ausdruck von Kraft und Stärke.
- Ich gehe meinen Weg.
- Ich atme mit jedem Atemzug mein Leben ein.
- Meine Atmung ist tief und gleichmäßig.
- Ich kennen und achte meine Bedürfnisse.
- Das Leben besteht aus Anspannung und Entspannung - beides ist mir wichtig und im Gleichgewicht.

5.3 Schlafprobleme

- Ich kann schlafen.
- Ich kann tief und fest schlafen.

- Ich schlafe durch.
- Ich kann leicht und ganz natürlich einschlafen.
- Ich schlafe immer und überall ein und gut durch.
- Selbst wenn ich einmal aufwache, schlafe ich ganz einfach und natürlich sofort wieder ein.
- Ich weiß, dass die Zeit mitten in der Nacht erfahrungsgemäß nicht die beste Zeit für Problemlösung ist.
- Ich bin sicher.
- Ich kann mich entspannen und loslassen.
- Ich öffne mich für die Erfahrung, dass meine Angelegenheiten in guten Händen sind.
- Ich träume auch interessante und schöne Dinge.
- Ich schlafe und gut und wache fit und erfrischt auf.
- Ich bin in Frieden mit mir selbst.
- Ich werde verstanden und unterstützt.
- Ich bin ausgeruht und leistungsfähig.
- Schlaf ist ein natürlicher, schöner Teil meines Lebens.
- Ich gebe vor dem Schlafengehen alles ab, was mich belastet.
- Ich gebe vor dem Schlafengehen alles, was mich belastet, in gute Hände ab.

5.4 Sucht/Suchtdrang

Suchtdrang generell

- Es ist jetzt Zeit für mich, meine Abhängigkeit loszulassen.
- Ich bin ruhig und in Frieden ohne jede Form der Abhängigkeit.
- Abhängigkeiten bestimmen nicht länger mein Leben.
- Ich brauche jetzt die Unterstützung der Abhängigkeit nicht mehr.

- Ich entscheide mich jetzt dafür, mein Bedürfnis nach Abhängigkeit loszulassen.
- Ich entscheide mich jetzt dafür, meine Abhängigkeit von dieser Abhängigkeit loszulassen.
- Ich erkenne die tieferen Ursachen meiner Abhängigkeit und löse sie auf sichere, sanfte und einfach Weise.
- Ich habe jetzt nicht länger das Bedürfnis/den Drang, an meiner Abhängigkeit festzuhalten.
- Ich lasse jetzt alle Emotion und Sabotagemuster los, die meine Abhängigkeit verursachen und festhalten.
- Ich bin jetzt frei von allen Blockaden und Themen, die zu meiner Abhängigkeit beigetragen haben.
- Es ist jetzt sicher für mich, ich selbst zu sein und mein wirkliches Ich zu zeigen.
- Ich benutze jetzt nicht länger meine Abhängigkeiten, um emotionale Themen zu vermeiden.
- Ich lasse alle Ängste los und fühle mich sicher genug, alle meine Abhängigkeiten jetzt loszulassen.
- Ich lasse jetzt auf ganz sichere und einfache Art alle vergangenen Belastungen los, was mein Bedürfnis nach meiner Abhängigkeit auflöst.
- Ich nutze jetzt nicht länger meine Abhängigkeiten als einen Schutzmechanismus.
- Ich lasse jetzt alle meine Wut rund um meine Abhängigkeit los.
- Ich lasse jetzt alle meine Schuld rund um meine Abhängigkeit los.
- Ich lasse jetzt alle meine Ängste und Befürchtungen rund um meine Abhängigkeit los.
- Ich lasse alle rebellischen Energien los, die meine Abhängigkeit am Leben halten.

- Ich entscheide mich jetzt, alle Abhängigkeiten loszulassen, die ein Ersatz für meine Selbstliebe sind.
- Ich entscheide mich jetzt, alle Abhängigkeiten loszulassen, die ein Ersatz für meinen Selbstwert sind.
- Ich respektiere mich selbst genug, um den Kreislauf der Abhängigkeit zu durchbrechen.

Rauchen

- Ich will und werde mit dem Rauchen aufhören.
- Ich kann und werde mit dem Rauchen aufhören.
- Ich liebe und akzeptiere mich, auch wenn ich dieses Verlangen nach Zigaretten habe.
- Ich weiß, dass Zigaretten nur der Ausdruck für ein tiefer liegendes Bedürfnis sind.
- Ich weiß, dass mein Drang nach Zigaretten auch eine biochemische Gewohnheit ist, der ich nachgeben kann oder nicht.
- Ich erkenne und verstehe die tieferen Ursachen für mein Rauchen.
- Ich erkenne und verstehe die tieferen Ursachen für mein Rauchen und löse sie auf sichere, sanfte und einfache Weise.
- Ich brauche keine Zigaretten mehr.
- Ich kann gut für mich sorgen.
- Rauchen ist kein Genuss.
- Ich bin der gleiche Mensch, egal ob ich rauche oder nicht.
- Rauchen ist gesundheitsschädlich, teuer und überflüssig.
- Ich bin glaubwürdig, auch wenn ich jetzt aufhöre, zu rauchen.

Übergewicht/Untergewicht/Gewichtsprobleme

- Ich bin es wert, geliebt zu werden.
- Ich bin es wert, gesund, attraktiv und glücklich zu sein.

- Ich bin bereit, gesunde, heilsame Dinge in der richtigen Menge zu essen.
- Ich kann gut für mich sorgen.
- Ich bin liebenswert und mag mich selbst.
- Ich bin völlig in Ordnung, auch wenn ich dieses Verlangen nach … habe.
- Ich respektiere und achte mich.
- Ich kann zwischen echtem und emotionalem Hunger unterscheiden.
- Ich fühle mich wohl, wenn ich diszipliniert bin - ich mache das für mich.
- Ich bewege mich gerne, Bewegung macht mir Spaß.
- Ich weiß, dass Essen nur der Ausdruck eines tiefer liegenden Bedürfnisses ist.
- Ich bin ganz in meinem Körper zu Hause.
- Ich esse nur noch, wenn ich wirklich Hunger habe, und ich habe nur noch Lust auf Sachen, die gut für mich sind.
- Ich nehme mit Leichtigkeit an Bauch, Po und Oberschenkel … Kilo ab.
- Mein Idealgewicht ist … Kilo und das ist genau das, was ich wiege.
- Es ist sicher, schön und leicht für mich, schlank und gesund zu sein.
- Gesundes, nahrhaftes Essen schenkt mir Energie und hält mich im Gleichgewicht.
- Ich bin jetzt offen/bereit dafür, meinem Körper zu erlauben, zu seinem perfekten Gewicht zurückzukehren.
- Mein Glaubenssystem ist frei von allen Diättheorien.
- Ich weiß, was richtig für meinen Körper ist.
- Es ist sicher, ich selbst zu sein.

- Ich bin frei, ich selbst zu sein.
- Ich brauche jetzt nicht länger Übergewicht, um mich zu beschützen.
- Ich erlaube meinem Körper, meine innere Schönheit zu reflektieren.
- Ich muss jetzt nicht länger Liebe durch Essen ersetzen.
- Ich muss jetzt nicht länger essen, wenn es eigentlich um Gefühle geht.
- Ich lasse jetzt meine Angst davor los, schlank zu sein, und erlaube meinem Körper, zu seiner perfekten Form und Größe zurückzukehren.
- Mein Körper ist schön.
- Es ist sicher für mich, bemerkt und beachtet zu werden.
- Es ist sicher für mich, gesehen zu werden.
- Ich kann jetzt überschüssige Körperflüssigkeit loslassen.
- Ich kann jetzt überschüssiges Körperfett loslassen.
- Ich lasse jetzt allen Druck meiner Familie in Bezug auf mein Körpergewicht los.
- Ich lasse jetzt alle genetische Programme los, die zu meinem Übergewicht beigetragen haben.
- Ich bin jetzt motiviert, überflüssiges Gewicht loszulassen.
- Ich lasse jetzt allen Stress in Bezug auf mein Körpergewicht los.
- Ich habe die Willenskraft, um überschüssiges Körpergewicht loszulassen.
- Ich entscheide mich jetzt, überschüssiges Körpergewicht loszulassen.
- Es ist sicher, hier zu sein.
- Ich lasse jetzt die Angst davor, übergewichtig zu sein, los und erlaube meinem Körper, zu seiner perfekten Form und Größe zurückzukehren.

- Ich lasse jetzt alle genetischen Programme los, die zu meinem Untergewicht beigetragen haben.
- Ich bin jetzt motiviert, mein Körpergewicht zu erhöhen.
- Ich entscheide mich jetzt, mein Körpergewicht zu erhöhen.
- Ich habe die Willenskraft, mein Körpergewicht zu erhöhen.

6. Partnerschaft/Liebe

6.1 Partnerschaft
6.2 Sexualität
6.3 Liebe
6.4 Trauer/Verlust

6.1 Partnerschaft

- Ich liebe meinen Partner.
- Mein Partner muss nicht vollkommen sein, um ihn zu lieben.
- Ich muss nicht vollkommen sein, um liebenswert zu sein.
- Ich liebe meinen Partner ohne Bedingungen und ohne (überzogene) Erwartungen.
- Ich liebe mich.
- Ich bin liebenswert.
- Mein Partner ist genau der Richtige für mich.
- Meine Partnerin ist genau die Richtige für mich.
- Ich bin eine gute Partnerin.
- Ich bin ein guter Partner.
- Ich habe eine glückliche, stabile Beziehung.
- Ich bin liebenswert, ich liebe und werde geliebt.
- Ich bin offen für die Liebe in allem, was mich umgibt.
- Zuneigung und Liebe umgeben mich.
- Ich bin mit meinem Partner liebevoll verbunden.
- Ich genieße das Leben mit meinem Partner.
- Ich erlaube meinem Partner seine/ihre Freiheit in unserer Beziehung, und er/sie erlaubt mir meine Freiheit.

- Ich lasse vergangene Verletzungen los, und das erlaubt mir, Vertrauen in meinen Partner zu haben.
- Ich unterstütze meinen Partner in all seinen/ihren Unternehmungen.
- Mein Partner unterstützt mich in all meinen Unternehmungen.
- Ich bin offen dafür, frei mit meinem Partner zu sprechen und zu kommunizieren.
- Ich respektiere den Weg, den mein Partner gewählt hat.
- Mein Partner respektiert den Weg, den ich gewählt habe.
- Ich akzeptiere meinen Partner genau so, wie er/sie ist.
- Ich bin frei, meinen Partner um Rat zu fragen, wenn ich eine Entscheidung treffe.
- Nur ich selbst kann mich wirklich glücklich machen.
- Ich fühle mich sicher und ich kann ein gutes Leben leben, ob mein Partner bei mir ist oder nicht.
- Ich bin genauso liebenswert für meinen Partner, wie er es für mich ist.
- Was immer ich von einem Partner möchte, finde ich in mir.
- Ich erlaube meiner romantischen Seite zu leuchten.
- Ich öffne mich für eine neue Beziehung ohne Angst.
- Ich öffne mich für eine neue Beziehung ohne Schuld.
- Ich ziehe romantische, leidenschaftliche, verbindliche und liebende Beziehungen an.
- Ich kann in einer Beziehung sein, ohne meine Kraft zu verlieren.
- Ich kann romantisch sein, ohne meine Kraft zu verlieren.
- Ich kann leidenschaftlich sein, ohne meine Kraft zu verlieren.
- Ich nehme mir Zeit, um die Leidenschaft in meiner Beziehung wieder zu pflegen.
- Ich erneuere meine Beziehung zu meinem Partner mit Leidenschaft und Romantik.

- Ich verdiene Leidenschaft und Romantik in meinem Leben.
- Ich kann leidenschaftlich sein, ohne mich unter Druck gesetzt zu fühlen.

6.2 Sexualität

- Ich bin in meinem Körper zu Hause.
- Meine Sexualität ist ein ganz natürlicher Teil meines Lebens.
- Ich genieße meine Sexualität, sie ist natürlich und schön.
- Ich erlaube mir, Sex zu genießen.
- Ich weiß, dass Sex natürlich ist und ein Ausdruck meiner inneren Kraft.
- Ich lasse alle Ängste und Blockaden jetzt los, die mich davon abhalten, meine Sexualität auszudrücken und zu genießen.
- Ich bin jetzt bereit, meiner Sexualität zu erlauben, sich auf positive Art zu zeigen.
- Meine Sexualität ist ein Ausdruck meiner Selbst.
- Ich bin ein sexuelles Wesen.
- Ich erlaube mir selbst, Sexualität zu genießen.
- Ich lasse jetzt alle Peinlichkeit und Scham los, die für mich mit Sexualität verbunden sind.
- Ich lasse jetzt alle Belastungen von früheren sexuellen Kontakten los.
- Ich lasse jetzt alle Peinlichkeit und Scham los, die mit meinem Körper verbunden sind.
- Sex ist eine angenehme Erfahrung.
- Ich erlaube mir selbst die Intimität und Nähe einer körperlichen Begegnung.
- Ich lasse jetzt alle religiösen Programmierungen los, die mein Sexualleben beeinflussen.
- Ich kann mich selbst sexuell ausdrücken.

- Ich kann meine Bedürfnisse in sexuellen Beziehungen ausdrücken.
- Ich löse jetzt einfach und sicher alle Belastungen von vergangenen sexuellen Erfahrungen.
- Ich löse jetzt einfach und sicher alle Belastungen meiner ersten sexuellen Erfahrung.
- Ich kann meine Sexualität mit Leichtigkeit und Freude ausdrücken.
- Ich fühle mich wohl mit meiner Sexualität.
- Ich lasse jetzt alle Bewertungen und Urteile über die Sexualität anderer Menschen los.
- Ich bearbeite und löse jetzt meine sexuellen Probleme.
- Ich lasse jetzt alle Schuld los, die ich mit sexuellem Vergnügen und Genuss verbinde.

6.3 Liebe

- Ich liebe mich.
- Ich bin Liebe und Reichtum.
- Ich bin liebenswert, ich liebe und werde geliebt.
- Ich öffne mich für die Liebe.
- Ich verdiene Liebe, jetzt und immer.
- Ich bin liebenswert, jetzt und immer.
- Ich bin Liebe wert, jetzt und immer.
- Ich öffne mich jetzt und erlaube es der Liebe, in mein Leben zu fließen.
- Liebe und Glück fließen mir von allen Seiten zu, leicht und mühelos.
- Zuneigung und Liebe umgeben mich.
- Ich bin offen für die Liebe in allem, was mich umgibt.
- Ich verdiene Liebe und Glück.

- Ich bin mit allem verbunden.
- Gott liebt mich vollkommen und bedingungslos.
- Im Zentrum meines Wesens befindet sich eine unendliche Quelle der Liebe.
- Liebevoll zu sein, ist für mich die einfachste Sache der Welt, es ist meine wahre Natur.
- Ich öffne mich für Liebe und Freude in meinem Leben.
- Ich lasse Liebe aus meinem Herzen in jede Zelle meines Körpers und in alle meine Beziehungen strömen.
- Voller Mitgefühl begegne ich mir und meiner Umwelt.
- Ich liebe, und das ist mein Leben.
- Ich erlaube der Liebe, frei in meinem Leben zu fließen.
- Ich entscheide mich dafür, Liebe in mein Leben einzuladen auf allen Ebenen.
- Die Liebe zu mir selbst bereichert alle meine Beziehungen.
- Ich öffne mich für eine neue Liebe in meinem Leben.
- Mein Leben ist ganz reich durch die Liebe, die ich jeden Tag bekomme.
- Liebe ist die Basis aller meiner Emotionen.
- Ich öffne mich und erlaube mir selbst, mich geliebt zu fühlen.
- Die Liebe, die in mein Leben kommt, macht mich lebendig.
- Die Liebe in meinem Leben macht mich glücklich, zentriert und friedvoll.
- Es ist sicher für mich, Liebe zu fühlen.
- Ich entscheide mich jetzt dafür, Angst durch Liebe zu ersetzen.
- Ich lerne meine Lektionen mit Liebe.
- Ich lasse vergangene Verletzungen los - das erlaubt mir, wieder Vertrauen in die Liebe zu haben.
- Ich drücke meine Liebe auf positive Art und Weise aus.

6.4 Trauer/Verlust

- Ich respektiere und ehre den Trauerprozess.
- Es ist sicher für mich, zu trauern.
- Ich kann meine Trauer frei und leicht ausdrücken.
- Ich erlaube mir selbst, zu trauern.
- Es ist in Ordnung für mich, zu trauern.
- Ich muss nicht länger alleine trauern.
- Es ist sicher für mich, meine Trauer zu zeigen.
- Es ist wichtig, zu trauern.
- Ich ersetze alle Trauer mit Liebe.
- Ich kann meine Trauer loslassen und trotzdem eine tiefe Verbindung mit … spüren.
- Ich kann diese Trauer jetzt loslassen.
- Ich will diese Trauer jetzt loslassen.
- Es ist in Ordnung für mich, meinen eigenen Platz in der Welt zu finden.
- Ich kann und will wieder ganz und heil sein.
- Ich gebe mir selbst die Erlaubnis meine Trauer loszulassen und voller Liebe und Freude an … zu denken.
- Ich werde von allen Seiten unterstützt.
- Es ist in Ordnung für mich, wieder zu lachen und mein Leben wirklich zu leben.
- Nicht mehr zu trauern bedeutet nicht, nicht mehr zu lieben.
- Ich besinne mich auf meine Stärken und Möglichkeiten.
- Ich muss keine Angst vor der Zukunft haben.
- Ich habe Vertrauen in die Zukunft.
- Ich bin sicher und geborgen.
- Ich habe einen Platz in der Welt.

- Ich gebe mir selbst die Erlaubnis, wieder zu leben.
- Ich kann meine Trauer ausdrücken, loslassen und dann weitergehen in meinem Leben.
- Trauer bestimmt nicht länger mein Leben, und ich weiß, dass es wichtig für mich ist, wieder Freude in mein Leben einzuladen.
- Ich lasse auf sichere und einfache Art alle physischen Schmerzen los, die von meiner Trauer verursacht werden.
- Ich bin in der Lage, meine Trauer auszudrücken, und sie dann sicher loszulassen.
- Ich kann mich selbst von den Energien der Trauer lösen.
- Ich lasse das Bedürfnis los, für alle anderen stark zu sein.
- Ich erlaube anderen, mich zu unterstützen, während ich trauere.
- Ich gebe mir selbst die Zeit und den Raum zu trauern.
- Ich tue, was notwendig ist, um die Trauer zu überwinden.

7. Familie/Kinder

7.1 Familie

7.2 Kinder

7.1 Familie

- Ich bin ein guter Bruder.
- Ich bin eine gute Schwester.
- Ich bin ein guter Sohn.
- Ich bin eine gute Tochter.
- Ich werde von meiner Familie geliebt und unterstützt.
- Ich akzeptiere und liebe meine Familie, auch mit all ihren Fehlern und Schwächen.
- Ich akzeptiere meine Familie genau so, wie sie ist.
- Ich sehe das Gute und Wertvolle an meiner Familie.
- Ich vergebe der Vergangenheit.
- Ich gebe andere liebevoll frei und lebe mein Leben.
- Ich bin frei von der Vergangenheit.
- Ich bin frei von vergangenen Begrenzungen.
- Ich bin die Kraft und Autorität in meinem Leben.
- Ich lasse alle Familienüberzeugungen los, und ich bin frei, meine eigenen Überzeugungen zu gestalten.
- Ich vergebe meiner Familie vergangene Verletzungen.
- Ich erlaube meiner Familie, ihren eigenen Weg zu gehen.
- Ich kann die Zeit mit meiner Familie genießen.
- Ich lasse allen Stress los, meine Familie zu sehen und mit ihr zusammen zu sein.
- Ich lasse alle Familienstandards los, und ich erlaube mir, mein eigenes Leben zu leben.

- Ich lasse alle Geschwisterrivalität los.
- Ich erkenne das an, was meine Familie für mich getan hat.
- Ich öffne mich und umarme meine Familie.
- Ich kann meine eigenen Überzeugungen innerhalb meiner Familie haben.
- Ich lasse die Kontrolle los, die meine Familie noch über mich hat.
- Ich lasse die Kontrolle los, die ich noch über meine Familie habe.
- Ich habe Geduld mit meiner Familie.
- Ich lasse all die Kontrolle meiner Eltern über mich los.
- Ich fühle mich nicht länger meiner Familie gegenüber verpflichtet.
- Ich weiß, dass meine Eltern das Beste getan haben, was sie konnten, und ich vergebe ihnen für alle empfundenen Ungerechtigkeiten.
- Ich vergebe meinen Eltern vergangene Erfahrungen.
- Meine Eltern haben mich so gut aufgezogen, wie sie konnten.
- Ich lasse alle Emotion aus meiner Kindheit los, die mir Stress bereiten.
- Ich lebe nach meinen eigenen Überzeugungen, respektiere aber auch die Überzeugungen meiner Eltern.
- Ich treffe meine Entscheidungen auf der Basis meiner Integrität, während ich meinen Eltern ihre eigene Meinung lasse.
- Ich lasse das Bedürfnis los, meine Eltern für meine vergangenen Lebenstraumata verantwortlich zu machen.
- Ich lasse das Bedürfnis los, meine Eltern für all meine Probleme verantwortlich zu machen.
- Ich bin froh und dankbar dafür, dass ich mich selbst meinen Eltern gegenüber frei ausdrücken kann.
- Ich verstehe, wo meine Eltern herkommen.

7.2 Kinder

- Ich liebe meine Kinder.
- Ich liebe meine Kinder, auch mit all ihren Fehlern und Schwächen.
- Ich lasse alle Erwartungen und Bedingungen an meine Kinder jetzt los.
- Ich liebe meine Kinder ohne Bedingungen.
- Liebe ist ein tiefer Zustand, der nicht von Bedingungen abhängig ist.
- Ich liebe mich ohne Bedingungen.
- Ich bin eine gute Mutter.
- Ich bin ein guter Vater.
- Ich habe ein liebevolles Verhältnis zu meinen Kindern.
- Ich habe das Recht, ich selbst zu sein.
- Ich muss nicht immer funktionieren.
- Ich lasse das Bedürfnis los, meine eigene Kindheit durch meine Kinder wiederzuerleben.
- Ich erlaube meinen Kindern ihre Freiheit und Individualität.
- Ich erlaube meinen Kindern, sich selbst zu entwickeln - auch wenn das nicht meinen Wünschen und Erwartungen entspricht.
- Ich ermutige die Kreativität meiner Kinder.
- Ich erlaube meinen Kindern, frei zu sein, um ihre eigene Wahrheit zu finden.
- Ich bin die beste Mutter, die ich sein kann.
- Ich bin der beste Vater, der ich sein kann.
- Ich erlaube meinen Kindern, sich in ihrem eigenen Tempo zu entwickeln.
- Ich erlaube meinen Kindern, frei ihre Intuition auszudrücken.
- Ich bin frei, meine Liebe für meine Kinder auszudrücken/ zu zeigen.

- Ich bin immer für meine Kinder da.
- Ich biete meinen Kindern Rat und Unterstützung an.
- Es ist in Ordnung, Fehler als Eltern zu machen.
- Ich erlaube meinen Kindern, selbst zu lernen, wenn das angemessen ist.
- Ich bringe meinen Kindern bei, verantwortlich für ihre eigenen Entscheidungen zu sein.
- Elternschaft ist einfach für mich.
- Mutter/Vater sein macht mir Spaß.

8. Freundschaft/soziale Beziehungen/ Gemeinschaft

8.1 Freundschaft/Gemeinschaft

8.2 Kommunikation

8.1 Freundschaft/Gemeinschaft

- Ich bin verbunden mit mir und anderen.
- Ich bin mit allem verbunden.
- Andere mögen mich.
- Ich gehöre dazu.
- Ich öffne mich für andere.
- Menschen interessieren mich.
- Andere interessieren sich für mich.
- Kontakte mit anderen sind einfach und schön.
- Ich kann gut Kontakte knüpfen und pflegen.
- Kontakte tun mir gut.
- Ich lasse mein Gefühl der Einsamkeit zu.
- Ich bin eingebunden und gehöre dazu.
- Ich bin anderen wichtig.
- Ich bin flexibel und kann leicht Freundschaften schließen.
- Ich bin liebenswert, ich liebe und werde geliebt.
- Ich gehe offen und herzlich auf andere Menschen zu.
- Liebe und Glück fließen mir von allen Seiten zu, leicht und mühelos.
- Zuneigung und Liebe umgeben mich.
- Ich fühle mich mit allem verbunden.

- Ich darf mich beruflich und privat mit Menschen umgeben, die mir gut tun.
- Ich bin immer zur richtigen Zeit am richtigen Ort, mit den richtigen Menschen.
- Ich bin mir bewusst, dass ich die Quelle aller meiner liebevollen Beziehungen bin.
- Ich freue mich, neue Menschen kennen zu lernen.
- Es ist gut, von anderen Menschen geliebt zu werden.
- In meinen zwischenmenschlichen Beziehungen herrscht ein ausgewogenes Verhältnis von Nähe und Freiheit.
- Ich bin liebenswert, wenn ich um Hilfe bitte.
- Das, was ich anderen gebe, kommt vielfach zu mir zurück.
- Ich gehe sicher und liebevoll auf andere Menschen zu.
- Ich gehe frei auf Menschen zu, Menschen kommen frei auf mich zu.
- Ich helfe anderen und andere helfen mir.
- Ich bewahre meine Freiheit und meine Individualität in meinen Beziehungen.
- Ich ziehe nur liebevolle Beziehungen in meinem Leben an.
- Meine Beziehungen sind reich und schön.
- Ich lasse vergangene Belastungen los und das gibt mir Freiheit in meinen jetzigen Beziehungen.
- Ich kann mich vollkommen frei in meinen Beziehungen ausdrücken.
- Ich bleibe mir selbst in meinen Beziehungen treu.
- Ich habe verbindliche, liebevolle Beziehungen in meinem Leben.
- Meine Beziehungen sind auf allen Ebenen erfüllend.
- Ich lasse vergangene Beziehungstraumata los, und ich nehme meine Unabhängigkeit zurück.
- Ich bin es wert, liebevolle und unterstützende Beziehungen in meinem Leben zu haben.

- Ich verdiene Glück in meinen Beziehungen.
- Ich bin es wert, Glück in meinen Beziehungen zu haben.
- Ich erlaube Beziehungen, in mein Leben zu treten.
- Ich lasse das Bedürfnis los, in meinen Beziehungen zu leiden.
- Während ich in Beziehungen bin, bleibe ich in meiner eigenen Kraft.
- Wenn ich in Beziehungen bin, erlaube ich meinen Partnern in ihrer persönlichen Kraft zu sein.
- Ich lasse vergangene Verletzungen los, und das erlaubt mir, Vertrauen in meine Beziehungen zu haben.
- Mein Leben ist voll mit ehrlichen und offenen Freundschaften, in denen ich die Freiheit habe, ich selbst zu sein.
- Ich bin umgeben von Menschen, die ich liebe und respektiere, und die mich lieben und respektieren.
- Ich bin gesegnet mit den Freundschaften, die ich in meinem Leben habe.
- Ich behandle meine Freunde mit Respekt.
- Ich ziehe nur liebevolle, respektvolle Freundschaften an.
- Ich bin offen für neue Freundschaften.
- Ich lasse jetzt auf sichere und leichte Weise alle vergangenen Vertrauensbrüche los, die meine Fähigkeit beeinflussen, Freundschaften zu schließen.
- Ich löse alle genetischen Programme, die meine Fähigkeit blockieren, Freundschaften zu schließen.
- Ich löse alle vergangenen Belastungen auf, die meine Fähigkeit blockieren, Freundschaften zu schließen.
- Ich bin ehrlich und offen mit meinen Freunden.
- Ich wähle die Freundschaften, die richtig für mich sind.
- Alle meine Freundschaften basieren auf Vertrauen.
- Ich kenne den Unterschied zwischen Freunden und Bekannten.

- Ich erlaube meinen Freunden, sich zu verändern und zu wachsen.
- Meine Freunde wechseln, während ich durch das Leben gehe und mich weiterentwickle.
- Ich bin mein bester Freund/meine beste Freundin.
- Ich kann leicht Freundschaften schließen.
- Ich erlaube meinen Freunden, ihre eigenen Entscheidungen zu treffen.
- Ich gestehe meinen Freunden die Freiheit zu, sie selbst zu sein.
- Ich gestehe meinen Freunden ihren eigenen Raum zu.
- Ich kann für meine Freunde da sein, ohne ihren Stress zu übernehmen.
- Ich teile meine Freuden und Erfolge mit meinen Freunden.
- Es ist sicher für mich, neue Freundschaften in mein Leben einzuladen.
- Ich wähle meine Freunde weise.
- Meine Freundschaften sind wichtig für mich.
- Ich lasse jetzt alle Erwartungen an meine Freunde los.

8.2 Kommunikation

- Ich teile meine Bedürfnisse und Wünsche offen mit.
- Ich erlaube mir selbst, mit anderen zu kommunizieren.
- Ich bin frei, mein ganzes Wissen mit anderen zu teilen.
- Was ich zu sagen habe, ist es wert, gehört zu werden.
- Ich denke klar und frei, und ich drücke mich frei und ungehindert aus.
- Ich kann ganz einfach, selbstverständlich und konstruktiv mit anderen Menschen über wichtige Dinge in unserer Beziehung sprechen.
- Alle meine Worte sind richtig und kommen direkt aus der Quelle.

- Meine Stimme heilt auf allen Ebenen.
- Meine Stimme ist frei und klar.
- Ich weiß, wo ich Grenzen setzen muss, und sage Nein, wenn es erforderlich ist.
- Ich wähle meine Worte sorgfältig, denn sie haben Einfluss auf meine Realität.
- Ich habe das Recht und die Fähigkeit meine Wut, meinen Ärger oder meine Meinung auszudrücken, ohne dabei jemanden zu verletzen oder die Liebe des anderen zu verlieren.
- Ich lasse jetzt alle Kindheitserfahrungen los, die meine Schüchternheit verursacht haben, und ich erlaube mir selbst, mich frei auszudrücken.
- Meine Meinungen und Einstellungen sind wertvoll und wichtig gehört zu werden, und es ist sicher für mich, sie auszudrücken.
- Ich kann mich frei mit den Menschen austauschen, die ich mir aussuche.
- Ich bin frei, ohne die Angst vor Verurteilung zu sprechen.
- Es ist mir wichtig, eine gute und vollständige Kommunikation mit mir selbst zu haben.
- Ich höre mit Liebe zu.
- Ich spreche liebevoll.
- Ich respektiere und achte mein Gegenüber.
- Ich höre anderen ohne Beurteilungen zu.
- Ich habe volles Vertrauen, während ich mit anderen kommuniziere.
- Ich lasse alle meine Ängste los, meine Gedanken auszudrücken.
- Ich respektiere die Meinungen und Einstellungen anderer.
- Ich höre Instruktionen aufmerksam zu.
- Ich gebe klare, vollständige Anweisungen.
- Ich habe eine offene Kommunikation mit meinen Arbeitskollegen.

- Ich habe eine offene Kommunikation mit meiner Familie.
- Ich habe eine offene Kommunikation mit meinen Freunden.
- Ich habe eine offene Kommunikation und meinen Kindern.
- Ich habe eine offene Kommunikation mit meinen Eltern.
- Ich respektiere die Gefühle anderer, während ich kommuniziere.
- Ich sende klare Botschaften, wenn ich mit anderen kommuniziere.

9. Beruf/Berufung

9.1 Beruf

9.2 Berufung/Vision/Sinn

9.1 Beruf

- Ich genieße meine Arbeit.
- Ich habe Spaß an der Arbeit, die ich tue.
- Ich erlaube mir zu tun, was ich gerne tue.
- Ich gehe meinen Weg.
- Ich sorge liebevoll für mich selbst.
- Ich verdiene alles Gute der Welt.
- Sicherheit und Wohlstand umgeben mich.
- Geschäftlicher Erfolg und materieller Wohlstand fließen mir zu, leicht und mühelos.
- Alle meine Kurse sind gut besucht und ein großer Erfolg für alle Beteiligten.
- Ich lebe genau in der richtigen Balance zwischen innerer und äußerer Arbeit, zwischen Kontakten und Zeit für mich.
- Alles, was ich beruflich mache, ist erfolgreich und füllt mich vollkommen aus.
- Ich arbeite in einer tollen Gemeinschaft an dem, was mir wirklich wichtig ist.
- Ich arbeite mit anderen zusammen an meiner Vision.
- Ich erkenne und lebe all meine Fähigkeiten, Talente und Potenziale.
- Jede Form von Arbeit macht mir Spaß.
- Das, was ich beruflich tue, fällt mir leicht und macht mir Spaß.
- Ich darf mich beruflich und privat mit Menschen umgeben, die mir gut tun.

- Meine Arbeit ist ideal für mich und macht mir Freude.
- Ich drücke meine Liebe und meine Kreativität in meiner Arbeit aus.
- Ich mache meine Sache gut, und meine Arbeit wird von allen anerkannt.
- Ich bin auch bei der Arbeit immer bereit, mit meiner höheren Kraft in Kontakt zu sein.
- Ich fließe frei in die Laufbahn meiner Wahl.
- Ich wähle meinen Beruf auf der Basis meiner eigenen Wahrheit und Integrität.
- Meine Arbeit ist ein Ausdruck meiner Kreativität.
- Ich nehme nicht an Büroklatsch und Dramen teil.
- Ich bin frei in meiner Arbeit und in meinem gewählten Weg.
- Neue Möglichkeiten öffnen sich für mich in meiner gewählten Laufbahn.
- Meine spirituelle Seite und Intuition bereichern meine Arbeit jeden Tag.
- Mein Beruf und mein persönliches Leben arbeiten zusammen.
- Ich werde Erfolg in meinem gewählten Beruf haben.
- Ich habe ein inneres Wissen von der Arbeit, die ich tue.
- Ich bleibe bei meiner Arbeit in meiner Kraft.
- Ich bin offen für neue berufliche Möglichkeiten.
- Ich lasse alle Bewertungen und Beurteilungen anderer über meine Art zu arbeiten los.
- Ich lasse alle Selbstverurteilungen in Bezug auf meine Arbeit los.
- Ich bin stolz auf die Arbeit, die ich tue.
- Ich lasse alle Scham in Bezug auf meine Arbeit los.
- Ich verdiene Anerkennung für die Arbeit, die ich tue.
- Ich bin es wert, anerkannt zu werden für die Arbeit, die ich tue.

- Ich kann meine ganzen Fähigkeiten bei der Arbeit zeigen.
- Ich bin offen, neue Fähigkeiten in meinem Beruf zu lernen.
- Ich öffne mich dafür, mehr Verantwortung in meinem Beruf zu übernehmen.
- Ich respektiere meine Arbeitskollegen, und sie respektieren mich.
- Ich bin es wert, eine gut bezahlte Arbeit zu haben.
- Ich verdiene eine gut bezahlte Arbeit.
- Ich kann ich selbst sein bei der Arbeit.
- Ich treffe die richtigen Entscheidungen bei der Arbeit, jetzt und immer.
- Ich sehe meine Arbeitskollegen als mir gleichwertig an.
- Ich sehe jeden neuen Arbeitstag als ein Abenteuer.
- Ich respektiere mich selbst genug, um die Arbeit zu tun, die ich mir auswähle.
- Ich fühle mich sicher in meiner Arbeit.
- Ich bin produktiv in meiner Arbeit.
- Ich fühle mich zufrieden und ausgefüllt durch meine Arbeit.
- Ich bin meiner Arbeit verbunden.
- Ich bin in Übereinstimmung mit der Arbeit, die ich tue.
- Ich fühle mich wohl mit der Arbeit, die ich mache.
- Ich wähle einen Beruf, der mich auf allen Ebenen erfüllt.
- Ich habe realistische Vorstellungen und Ziele davon, was ich erreichen möchte.
- Ich gehe mit Menschen in einer professionellen Art und Weise um.
- Ich bleibe in meiner eigenen Wahrheit bei der Arbeit.
- Ich bleibe in meiner eigenen Integrität bei der Arbeit.
- Ich kann mir meinen eigenen Raum bei der Arbeit schaffen.
- Ich habe eine gute Verbindung mit meinen Kollegen.

- Ich habe eine gute Verbindung mit meinen Klienten und Kunden.
- Ich mache immer die beste Arbeit, die ich kann.
- Ich erlaube anderen, die beste Arbeit zu tun, die sie können.
- Ich bin nur für meine eigene Arbeit verantwortlich.
- Ich lasse alle negativen Programme in Bezug auf Arbeit los.
- Ich kann alle Aspekte meiner Arbeit genießen.
- Ich bleibe zu jeder Zeit professionell.
- Ich erlaube anderen, nach ihren eigenen Standards zu arbeiten.
- Ich lasse alle übernommene Negativität von Arbeitskollegen los.
- Ich erlaube mir selbst, mich bei der Arbeit weiterzuentwickeln.
- Ich kann mich gut an Veränderungen in meiner Arbeit anpassen.
- Ich kann gut für jemand anderen arbeiten.
- Ich kann gut als Teil eines Teams arbeiten.
- Ich kann auch in einem Team meine eigenen Meinungen und Überzeugungen entwickeln und ausdrücken.
- Ich bin in der Lage, konstruktive Kritik zu akzeptieren und anzunehmen.
- Ich bin in der Lage, konstruktive Kritik zu üben.
- Ich sehe konstruktive Kritik als eine Art zu lernen an.
- Ich kann ein Individuum bei der Arbeit sein.
- Arbeit bestimmt nicht länger mein Leben.

9.2 Berufung/Vision/Sinn

- Ich finde meinen Weg.
- Ich gehe meinen Weg.
- Ich finde meine Lebensaufgabe.
- Ich verwirkliche meine Lebensaufgabe.
- Mein Weg entsteht mit mir und vergeht mit mir.

- Ich bin so gewollt und gemeint.
- Mein Leben hat einen Sinn.
- Ich habe einen Sinn.
- Mein Herz kennt meinen Weg.
- Meine Seele kennt meinen Weg.
- Meine Essenz kennt meinen Weg.
- Wenn ich bei mir bin, entfaltet sich mein Weg Schritt für Schritt.
- Ich habe die Wahl.
- Ich bin frei.
- Ich wähle einen Beruf, der mich auf allen Ebenen erfüllt.
- Meine spirituelle Seite und Intuition bereichern meine Arbeit jeden Tag.
- Ich nehme mir immer wieder Zeit für meine Träume, Wünsche und Visionen.
- Visionen zu haben, macht Spaß.
- Träume zu haben, macht Spaß.
- Wünsche zu haben, macht Spaß.
- Ich denke groß.
- Ziele und Visionen geben mir Kraft, Richtung und Motivation.
- Meine tiefen Wünsche und Ziele zeigen mir meinen Weg.
- Meine tiefen Wünsche und Ziele zeigen mir meine Aufgabe.
- In der Gegenwart zu leben, ist Verwirklichung.

10. Finanzen/Fülle/Erfolg

10.1 Finanzen/Fülle/Wohlstand

10.2 Erfolg

10.1 Finanzen/Fülle/Wohlstand

- Ich bin reich.
- Ich bin Liebe und Reichtum.
- Ich lebe in Fülle und Wohlstand.
- Ich sorge liebevoll für mich selbst.
- Ich verdiene alles Gute der Welt.
- Sicherheit und Wohlstand umgeben mich.
- Ich bin wertvoll und liebenswert.
- Ich genüge.
- Ich kann gut für mich sorgen.
- Ich kann gut für mein Geld sorgen.
- Ich kann gut für die sorgen, die ich liebe.
- Ich kann für mich einstehen.
- Es ist genügend für alle da.
- Es ist genügend für mich da.
- Ich verdiene Unterstützung und Anerkennung.
- Ich bin bereit, gut für mein Geld zu sorgen.
- Gott liebt und unterstützt mich.
- Ich zahle meine Schulden zurück und genieße dieses Gefühl von Verbindlichkeit und Freiheit.
- Ich zahle meine Schulden zurück, weil ich es mir wert bin.
- Ich zahle meine Schulden zurück, weil ich das Vertrauen anderer Menschen verdiene.

- Ich bin bereit, besser auf meine eigenen Bedürfnisse zu achten und sie zu erfüllen.
- Geld darf mir auch mit Leichtigkeit und Freude zufließen.
- Ich kann loyal meinen Eltern gegenüber sein und trotzdem Geld verdienen.
- Ich kann loyal meinen Freunden gegenüber sein und trotzdem Geld verdienen.
- Menschen lieben mich um meiner Selbst willen, auch wenn ich Geld habe/in der Fülle lebe.
- Geschäftlicher Erfolg und materieller Wohlstand fließen mir zu, leicht und mühelos.
- Ich verdiene leicht und mit Freude … Euro im Monat/Jahr.
- Geld ist neutrale, wertfreie Energie. Es kommt darauf an, was ich damit/daraus mache.
- Geld ist mein Freund.
- Geld und ich, wir sind ein tolles Team!
- Ich verdiene einfach und mit Freude … im Monat/Jahr.
- Geld ist *ein* Ausdruck meiner Spiritualität und meiner Liebe zu Gott, zu mir selbst und zu anderen.
- Geld im Überfluss und beruflicher Erfolg fließen mir von überall her zu.
- Ich habe Geld im Überfluss.
- Geld im Überfluss fließt mir von überall her zu.
- Mein Kontostand wächst und wächst und ich fühle mich wunderbar damit.
- Ich sehe Geld als Ausdruck von Liebe und Unterstützung, für mich und andere.
- Geld ist eine Energie und weder gut noch schlecht - es ist das, wofür ich es halte.
- Reichtum ist Freude und Freiheit.

- Wohlstand ist in meinem Leben willkommen.
- Ich freue mich über meinen eigenen inneren Reichtum.
- Ich lasse alle Angst und Stress in Bezug auf Geld jetzt los und entscheide mich, alle Blockaden, die meine finanzielle Freiheit bislang verhindert haben, jetzt zu lösen.
- Ich lasse jetzt die Angst davor los, Geld zu haben.
- Geld ist eine Quelle im Überfluss, die jetzt frei in mein Leben fließt.
- Ich lasse alle Programme los, die bislang verhindert haben, dass Geld in mein Leben fließt.
- Geld ist eine Energie, und je mehr ich gebe, desto mehr bekomme ich.
- Ich lasse alle religiösen Programmierungen los, die bislang verhindert haben, dass Geld in mein Leben fließt.
- Ich kann spirituell und wohlhabend sein.
- Ich lasse alle Programme meiner Eltern los, die verhindern, dass Geld in mein Leben fließt.
- Ich entscheide mich jetzt, alle Sorgen um Geld loszulassen.
- Ich lasse den Drang los, hart für mein Geld arbeiten und kämpfen zu müssen.
- Ich lasse den Drang los, mein Geld schneller auszugeben, als ich es einnehme.
- Ich bin Reichtum und Überfluss wert.
- Ich bin es wert, Geld zu haben.
- Ich habe Reichtum auf allen Ebenen.
- Ich bin reich und erfüllt auf allen Ebenen.
- Ich lasse jetzt alle vergangenen Erinnerungen an Armut los.
- Ich lasse alle vergangene Belastungen rund um Geld jetzt los.
- Es ist sicher, wohlhabend zu sein.
- Ich verdiene es, Geld zu haben.

- Ich lasse alle genetischen Programme los, die verhindern, dass Geld in mein Leben fließt.
- Ich lasse die Energie der Armut jetzt los.
- Ich kann glücklich und wohlhabend sein.
- Es ist in Ordnung für mich, Geld für mich selbst zu behalten.
- Ich öffne mich jetzt für die Energien von Wohlstand und Überfluss.
- Ich nutze mein Geld in konstruktiver Weise.
- Es ist in Ordnung für mich, Geld zu sparen.
- Es ist in Ordnung, Geld von anderen zu akzeptieren/anzunehmen.
- Mit Fülle und Überfluss in meinem Leben bin ich auf jeder Ebene erfüllt.
- Fülle und Überfluss fließen in jeden Bereich meines Lebens.
- Ich löse jetzt alle Blockaden, die meine Fülle und meinen Überfluss blockieren.
- Ich löse jetzt allen Stress auf, Fülle zu haben.
- Ich lasse jetzt alle Programmierungen los, die meine Fülle und meinen Überfluss blockieren.
- Meine Spiritualität und mein Überfluss arbeiten zusammen.
- Fülle und Überfluss kommen zu mir, wenn ich in meiner Wahrheit und Integrität arbeite/bin.
- Ich lasse die Meinung anderer los, die meine Fülle beeinflusst.
- Ich lasse alle genetischen Programmierungen los, die meine Fülle blockieren.
- Ich lasse alle Schuld darüber los, Fülle zu haben.
- Ich bin offen dafür, Fülle und Überfluss auf allen Ebenen zu empfangen.
- Ich lasse meine Fülle und meinen Überfluss jetzt zu.
- Ich verspreche mir selbst, alle Themen, Blockaden und Ängste loszulassen, die meinen freien Fluss von Überfluss und Fülle stoppen.

- Ich verdiene es, Fülle und Überfluss zu haben.
- Ich bin es wert, Fülle und Überfluss zu haben.
- Ich lasse alle religiösen Programmierungen los, die meine Fülle und meinen Überfluss blockieren.
- Ich kann spirituell sein und trotzdem Fülle und Überfluss auf allen Ebenen haben.
- Ich lasse jetzt den Kampf und alle Anstrengung aus meinem Leben los.
- Es ist sicher, Fülle und Überfluss zu haben.
- Ich lasse alle Angst los, die meine Fülle und meinen Überfluss blockiert.
- Ich lasse jetzt alle Erwartungen los, wie Fülle und Überfluss in mein Leben kommen werden.
- Ich bin jetzt frei, meine Fülle und meinen Überfluss zu akzeptieren.
- Fülle und Überfluss sind kostenlos und frei.
- Ich lasse alle Kindheitsprogramme los, die meine Fülle und meinen Überfluss blockieren.
- Fülle und Überfluss zu haben, ist nicht länger ein Stress für mich.
- Ich weiß, wie ich meine Fülle und mein Überfluss handhabe.
- Fülle und Überfluss bringen mir Frieden.
- Fülle und Überfluss bringen mir Freude.
- Ich lasse jetzt die Meinungen anderer über meine Fülle los.

10.2 Erfolg

- Ich bin erfolgreich.
- Ich erlaube mir selbst, erfolgreich zu sein.
- Ich bin offen für Erfolg.
- Ich verdiene Erfolg.

- Ich bin es wert, erfolgreich zu sein.
- Ich bin es wert, Erfolg zu haben.
- Es ist sicher, erfolgreich zu sein.
- Es ist in Ordnung, erfolgreich zu sein.
- Ich lasse alle genetischen Programmierungen los, die meinen Erfolg blockieren.
- Ich lasse alle Sabotageprogramme in meinem System los, die meinen Erfolg blockieren.
- Ich lasse alle Familienkommentare los, die meinen Erfolg blockieren.
- Ich lasse all die Kommentare meiner Lehrer los, die meinen Erfolg blockieren.
- Ich bin bereit, willens und fähig dazu, erfolgreich zu sein.
- Alles, was ich tue, hat einen erfolgreichen Ausgang.
- Ich bin motiviert, erfolgreich zu sein.
- Ich habe die Willenskraft, erfolgreich zu sein.
- Ich bin bereit, für meinen Erfolg zu arbeiten.
- Erfolg fließt mir leicht und frei zu.

11. Kreativität

11.1 Kreativität

11.2 Wohnung/Zuhause

11.1 Kreativität

- Mein Leben ist bunt und reich.
- Ich bin kreativ in allem, was ich tue.
- Ich bin Kreativität.
- Ideen fließen mir von überall zu, leicht und mühelos.
- Ich bin offen für die unendliche Fülle, die mich umgibt.
- Der Motor all meiner kreativen Projekte ist Begeisterung und Inspiration.
- Die Beschäftigung mit neuen Ideen macht mir Freude.
- Mit Leichtigkeit und Freude entfalte ich meine kreative Kraft zu ihrem vollen Potenzial.
- Ich fließe über vor neuen Ideen, und ich bin fähig, sie mit Leichtigkeit umzusetzen.
- Meine Ideen sind voller Energie, die mich so zeigt, wie ich wirklich bin.
- Alle Blockaden, die ich bislang hatte, meine Kreativität zu nutzen, sind gelöst, und das gibt mir die Freiheit, meine wirklichen Fähigkeiten und Talente zu zeigen.
- Ich drücke meine Kreativität mit Leichtigkeit und Freude aus.
- Meine Kreativität ist ein Ausdruck meiner Selbst.
- Ich löse alle unterdrückte und verdrängte Kreativität meiner Kindheit und lasse sie frei fließen.
- Ich fühle mich jetzt frei, meine Kreativität auszudrücken.
- Kreativität ist im Überfluss in meinem Leben vorhanden und sie fließt mit Leichtigkeit.

- Ich bin eins mit meiner kreativen Energie.
- Ich nutze meine kreativen Energien in positiver Weise.
- Ich ehre und achte meine Intuition und meine Weisheit.
- Ich lasse jetzt alle Sabotageprogramme los, die meine Kreativität behindern.
- Ich nutze meine Kreativität ganz frei und selbstverständlich in allen Bereichen meines Lebens.
- Ich lasse jetzt sicher und leicht alle Angst los, die meine Kreativität bisher eingeschränkt hat.
- Ich fühle mich entspannt, wenn ich meine Kreativität nutze.
- Ich lasse alle Meinungen meiner Eltern los, die meine Kreativität einschränken.
- Ich lasse alle Meinungen meiner Familie los, die meine Kreativität einschränken.
- Ich verspreche mir selbst, meiner Kreativität zu erlauben, durchzuscheinen.
- Ich respektiere meine kreative Energie.
- Ich lasse alle Angst los, die meine Kreativität blockiert.
- Ich lasse alle Wut und allen Ärger los, die meine Kreativität blockieren.
- Ich lasse alle Schuld los, die meine Kreativität blockiert.
- Ich führe große Dinge mit Leichtigkeit aus.
- Lösungen fallen mir schnell und leicht zu.
- Ich bin inspiriert.
- Ich bin offen dafür, neue Ideen und Inspiration zu empfangen.
- Ideen fließen mir zu, schnell, einfach und mit Klarheit.
- Ich bin in der Lage, Ideen und Inspirationen zu finden und zu erschaffen.
- Ich bin in der Lage, Lösungen außerhalb meiner Komfortzone zu finden.

- Ich bin in der Lage, Lösungen zu finden, jenseits von dem, was ich schon weiß.
- Ich bin inspiriert, meine Ziele und Träume zu erreichen.
- Ich bin inspiriert, Erfolg auf allen Ebenen zu haben.
- Ich kann immer die bestmögliche Lösung finden.
- Ich gehe den Weg meiner eigenen Inspiration.

11.2 Wohnung/Zuhause

- Ich bin zu Hause, wo immer ich auch bin.
- Ich bin zu Hause in meiner Wohnung.
- Meine Wohnung bietet mir Schutz, Sicherheit und Geborgenheit.
- Ich mag meine Wohnung und meine Wohnung mag mich.
- Meine Wohnung und ich, wir sind ein Team.
- Meine Wohnung ist ein guter Freund, der mich schützt und der sich mit mir zusammen entwickelt.
- Ich habe Freude daran, mich liebevoll mit meiner Wohnung zu beschäftigen.
- Je mehr Liebe ich in meine Wohnung gebe, desto mehr Liebe kommt zurück.
- Je mehr Aufmerksamkeit ich meiner Wohnung schenke, desto mehr Kraft und Energie gibt sie mir.
- Ich bin dankbar für meine schöne Wohnung.
- Mein Zuhause ist schön. Ich fülle jedes Zimmer mit Liebe und Freude.
- Ich öffne meine Wohnung für liebe Menschen.
- Meine Wurzeln sind dort, wo ich mich wohlfühle.
- Meine Wurzeln sind dort, wo ich sie machen möchte.

12. Dankbarkeit

- Danke!
- Ich bin dankbar für all die Liebe in meinem Leben.
- Ich bin dankbar für meine Kinder.
- Ich bin dankbar für die liebevollen Beziehungen in meinem Leben.
- Ich bin dankbar für die liebevollen Freundschaften meinem Leben.
- Ich bin dankbar für all den Reichtum und die Fülle in meinem Leben.
- Ich bin dankbar für all die kleinen und großen schönen Dinge in meinem Leben.
- Ich bin meinem Körper dankbar für all die treue, intelligente und unermüdliche Arbeit.
- Ich bin dankbar all denen gegenüber, die mir geholfen haben.
- Ich bin es wert, mir selbst gegenüber dankbar zu sein.
- Ich bin dankbar für mein Talent und meine Fähigkeiten.
- Ich bin dankbar für meine genetischen Fähigkeiten und Talente.
- Ich bin dankbar für meine Selbstheilungskräfte.
- Ich bin dankbar für alle Entscheidungen, die ich in meinem Leben getroffen habe.
- Ich bin dankbar für all die Wahlen in meinem Leben.
- Ich kann meiner Familie gegenüber dankbar zu sein, ohne mich in ihrer Schuld zu fühlen.
- Ich bin dankbar für all die Erfahrungen auf meiner Reise.
- Ich kann meinem Partner dankbar zu sein, ohne mich in seiner Schuld zu fühlen.
- Es ist sicher für mich, um Hilfe zu fragen/bitten.
- Ich bin dankbar für meine Intuition.

- Ich bin dankbar für die Möglichkeiten, zu wachsen.
- Ich bin dankbar für die Hilfe, die ich erhalte.

13. Vergebung/Loslassen

- Ich vergebe der Vergangenheit.
- Ich vergebe mir.
- Ich vergebe … (Name).
- Ich vergebe anderen.
- Es ist vorbei, ich bin jetzt in Sicherheit und kann mich entspannen.
- Ich lasse alles Alte jetzt los und bin frei.
- Ich bin die Kraft und Autorität in meinem Leben.
- Ich bin frei von der Vergangenheit.
- Ich lasse alles Vergangene los und vergebe mir und anderen - einfach mir zuliebe.
- Ich gebe andere liebevoll frei und lebe mein Leben.
- Ich bin bereit, die Schmerzen der Vergangenheit loszulassen. Ich vergebe mir und anderen.
- Vergebung bringt mir Freude.
- Vergebung bringt mir Frieden.
- Ich lasse los, was nicht mehr zu mir gehört, und öffne mich dem Neuen/dem Leben.
- Ich lebe meine Wahrheit.
- Ich gehe meinen Weg, ganz leicht und frei.
- Mein Leben ist zu kostbar, um Groll und Bitterkeit aus der Vergangenheit so lange festzuhalten.
- Ich übernehme Verantwortung für mich und verzichte auf Schuldzuweisungen.
- Mich selbst zu lieben, beginnt damit, mir selbst zu vergeben.
- Ich lebe in der Gegenwart, und ich bin nicht bereit, in der Vergangenheit zu leben.

- Ich umgebe mich mit Menschen, die ich liebe und respektiere, und die mich lieben und respektieren.
- Ich vergebe all denen, die mir Unrecht getan haben, sowohl real als auch empfunden.
- Ich vergebe mir selbst für die Dinge, die ich getan habe, real und empfunden.
- Ich vergebe meiner Familie die Dinge, die sie falsch gemacht hat - real und empfunden.
- Ich vergebe meinen Freunden die Dinge, die sie falsch gemacht haben - real und empfunden.
- Ich vergebe meinen Geschwistern die Dinge, die sie falsch gemacht haben - real und empfunden.
- Ich vergebe meinen Eltern die Dinge, die sie falsch gemacht haben - real und empfunden.
- Ich lasse all meine Wut und Ärger los, und das erlaubt es mir, zu vergeben.
- Ich lasse alle Schuld los, und das erlaubt mir, zu vergeben.
- Ich lasse alle Angst und Furcht los, und das erlaubt mir, zu vergeben.
- Es ist sicher für mich, zu vergeben.
- Vergebung ist kein Zeichen von Schwäche, sondern von Stärke.
- Ich bin in der Lage zu vergeben.
- Ich bin offen dafür, Vergebung zu empfangen.
- Ich lasse alte Verletzungen los, die mich daran hindern, zu vergeben.
- Vergebung kommt einfach und leicht zu mir.
- Es ist sicher für mich, alte Programme loszulassen.
- Es ist sicher für mich, alte Programme loszulassen, die mir nicht länger dienen/nützlich sind.
- Es ist sicher, alte traumatische Muster loszulassen, die mich zurückhalten.

- Es ist einfach, loszulassen.
- Ich werde nach vorne gehen/entwickle mich weiter, indem ich loslasse.
- Ich lasse vergangene Verletzungen los.
- Ich lasse das Gefühl von Betrug los.
- Ich lasse Rachegefühle los.
- Ich lasse Ressentiments los.
- Ich lasse Furcht und Angst los.
- Ich lasse Wut und Ärger los.
- Ich lasse Schuld los.
- Ich lasse Scham und Peinlichkeit los.
- Ich lasse das Gefühl los, nicht zu genügen.
- Ich lasse Altes ganz einfach los und umarme Neues.
- Ich lasse alte Muster los und erlaube es neuen Türen, sich zu öffnen.
- Es ist sicher, loszulassen.
- Ich lasse alle alten genetischen Programme los und bringe meine Energie in das Hier und Jetzt.
- Ich lasse alles Überflüssige los und erlaube meiner Energie, klar zu sein.
- Ich lasse los, auf andere Menschen automatisch zu reagieren.
- Ich lasse los, auf Orte automatisch zu reagieren.
- Ich lasse los, auf Situationen automatisch zu reagieren.
- Ich lasse vergangene Beziehungen los.

TEIL IV
Anlagen

Literatur

Neurobiologie/Gehirn

Begley, Sharon: *Neue Gedanken, neues Gehirn*, München: Arkana, 2007

Dispenza, Joe: *Evolve your Brain*, Deerfield Beach: HCI, 2007

Church, Dawson: *Die neue Medizin des Bewusstseins*, Kirchzarten: VAK, 2008

Goswami, Amit: *Das bewusste Universum*, Stuttgart: Lüchow, 2007

Grauds, Connie: *The Energy Prescription*, New York: Bantam, 2005

Hüther, Gerald: *Die Macht der inneren Bilder*, Göttingen: Vandenhoeck und Ruprecht, 2008

Ironson, Gail, Stuetzle, R., Fletcher, M.A., Ironson, D.: „View of God is Associated with Diesease Progression in HIV", in: *Annals of Behavioral Medicine*, 31 (Supplementband), S. 74 (Zusammenfassung eines Vortrags von 2006)

Ironson, G., Kremer, H., Ironson, D.: „Spirituality, spiritual experiences, and spiritual transformation in the face of HIV", in: *Spiritual Transformation and Healing*, Walnut Creek: Altamira Press, 2007

Lipton, Bruce: *Intelligente Zellen. Wie Erfahrungen unsere Gene steuern*, Burgrain: Koha, 2008

Pascual-Leone, A. et al.: „Modulation of Muscle Responses Evoked by Transcranial Magnetic Stimulation during the Acquisition of New Fine Motor Skills", in: *Journal of Neurophysiology* 74, 1995, S. 1037–45

Pascual-Leone, A. et al.: „The Plastic Human Brain Cortex", in: *Annual Reviews of Neuroscience* 28, 2005

Pert, Candace, B.: *Moleküle der Gefühle*, Berlin: Rowohlt, 2001

Ratner, C.: „Genes and psychology in the news", in: *New Ideas in Psychology*, 2004

Schwartz, J.M. et al.: „Systematic Changes in Cerebral Glucose Metabolic Rate after Successful Behavior Modification Treatment of Obsessive-Compulsive Disorder“, in: *Archives of General Psychiatry* 53, 1996, S. 109–13

Scott, J. et al.: „Effects of Cognitive Thearpy on Psychological Symptoms and Social Functioning in Residual Depression“, in: *British Journal of Psychiatry* 177, 2000, S. 440–46

Segal, Z.V.: „Cognitive Assessment of Unipolar Depression: Measuring Products, Processes and Structures“, in: *Bahaviour Research and Therapy* 32, Januar 1994, S. 147–58

Teasdale, J.D., et al.: „Prevention of Relapse/Recurrence in Major Depression by Mindfulness-Based Cognitive Therapy“, in: *Journal of Consulting and Clinical Psychiatry* 68, 2000, S. 615–23

Allgemein/Interessante Bücher

Arntz, William et. al.: *Bleep. An der Schnittstelle von Spiritualität und Wissenschaft*, Kirchzarten: VAK, 2006

Capra, Fritjof: *Das Tao der Physik*, Frankfurt: O.W. Barth, 2000

Chopra, Deepak: *Die sieben geistigen Gesetze des Erfolgs*, München: Heyne, 1998

Dossey, Larry: *Heilende Worte. Die Kraft der Gebete und die Macht der Medizin*, o.O.: BM Vertriebsservice, 1995

Fischer, Theo: *Wu wei: Die Lebenskunst des Tao*, Berlin: Rowohlt, 2005

Kinslow, Frank: *Quantenheilung*, Kirchzarten: VAK, 2009

Marx, Susanne: *Inneres Feng Shui*, Kirchzarten: VAK, 2009

Marx, Susanne: *Mein Taschencoach*, Kirchzarten: VAK, 2009

McTaggart, Lynn: *Das Nullpunkt-Feld*, München: Goldmann, 2007

Mitchell, Stephen (Hrsg.): *Laotse/Tao Te King. Eine zeitgemäße Version für westliche Leser*, München: Goldmann, 2003

Sheldrake, Rupert: *Das schöpferische Universum. Die Theorie der morphogenetischen Felder und der morphischen Resonanz*, München: Nymphenburger in der F.A. Herbig Verlagsbuchhandlung, 2008

Tolle, Eckhart: *Jetzt! Die Kraft der Gegenwart*, Bielefeld: Kamphausen, 2001

Affirmationen

Ein aktuelles Buch zu Affirmationen mit einem etwas anderen Fokus, das mir persönlich gut gefällt, ist das folgende Buch:

Tepperwein, Kurt: *Das große Affirmationsbuch*, Heidelberg: mvg, 2007

Für Affirmationen und Hintergründe in Bezug auf körperliche Beschwerden sind zu empfehlen:

Dahlke, Ruediger: *Krankheit als Sprache der Seele*, München: Goldmann, 1999

Hay, Louise L.: *Heile deinen Körper. Seelisch-geistige Gründe für körperliche Krankheiten*, Stuttgart: Lüchow, 1989

EFT (Klopfakupressur)

Sehr empfehlenswert ist die (englischsprachige) Webseite *www.emofree.com* von Gary Craig, dem Entwickler von EFT. Hier können Sie sich auch kostenlos ein sehr umfangreiches Manual auf Englisch zu EFT herunterladen.

Bohne, M., Eschenröder, Chr. T., Wilhelm-Gößling, C.: *Energetische Psychotherapie – integrativ. Hintergründe, Praxis, Wirkhypothesen*, Tübingen: DGVT Verlag, 2006

Marx, Susanne: *Klopfen befreit*, Kirchzarten: VAK, 2006

Marx, Susanne: *Neun Wege zur Freiheit. Persönliche Entwicklung mit Enneagramm und EFT*, Kirchzarten: VAK, 2006

Marx, Susanne: *Klopfakupressur kompakt*, Kirchzarten: VAK, 2008

The Work

Auf Byron Katies homepage *www.thework.com* kann man kostenlos das so genannte „Little Book“ und das Arbeitsblatt auf Deutsch herunterladen. Empfehlenswerte Bücher von Byron Katie über *The Work* sind:

Mitchell, Byron Kathleen/Byron Katie: *Lieben was ist*, München: Goldmann, 2002

Byron Katie: *Ich brauche deine Liebe – Stimmt das?*, München: Goldmann, 2005

Quellenverzeichnis

1) Chopra, Deepak: *Die sieben geistigen Gesetze des Erfolgs*, München: Heyne, 1998, S. 19

2) Mitchell, Stephen (Hrsg.): *Laotse, Tao Te King. Eine zeitgemäße Version für westliche Leser*, München: Goldmann, 6. Aufl. 2003, S. 19

3) Lipton, Bruce: *Intelligente Zellen. Wie Erfahrungen unsere Gene steuern*, Burgrain: Koha, 2008, S. 162

4) Lipton, Bruce, *Intelligente Zellen. Wie Erfahrungen unsere Gene steuern*, Koha-Verlag, Burgrain, 2008, S. 155

5) Hüther, Gerald: *Die Macht der inneren Bilder*, Göttingen: Vandenhoeck und Ruprecht, 2008, S. 118/119

6) Church, Dawson: *Die neue Medizin des Bewusstseins*, Kirchzarten: VAK, 2008, S. 28 (D. Church zitiert hier Dr. Bruce McEwen, Direktor des neuroendokrinologischen Labors an der Rockefeller University in New York)

7) Pert, Candace B.: *Moleküle der Gefühle*, Berlin: Rowohlt, 2001

7) Dispenza, Joe: *Evolve your Brain*, Deerfield Beach: HCI, 2007

8) Schwartz, J.M. et al.: „Systematic Changes in Cerebral Glucose Metabolic Rate after Successful Behavior Modification Treatment of Obsessive-Compulsive Disorder", in: *Archives of General Psychiatry* 53, 1996, S. 109–113

9) Segal, Z.V.: „Cognitive Assessment of Unipolar Depression: Measuring Products, Processes and Structures", in: *Behaviour Research and Therapy* 32, Januar 1994, S. 147–158

9) Scott, J. et al: „Effects of Cognitive Therapy on Psychological Symptoms and Social Functioning in Residual Depression", in: *British Journal of Psychiatry* 177, 2000, S. 440–446

9) Teasdale, J.D. et al.: „Prevention of Relapse/Recurrence in Major Depression by Mindfulness-Based Cognitive Therapy", in: *Journal of Consulting and Clinical Psychiatry* 68, 2000, S. 615–623

10) Interview mit Dawson Church am 30. Januar 2007

11) Pascual-Leone, A. et al.: „Modulation of Muscle Responses Evoked by Transcranial Magnetic Stimulation during the Acquisition of New Fine Motor Skills", in: *Journal of Neurophysiology* 74, 1995, S. 1037–1045

11) Pascual-Leone, A. et al.: „The Plastic Human Brain Cortex", in: *Annual Reviews of Neuroscience* 28, 2005, S. 380

12) Von Praag, H., Kempermann, G., Gage, F.H.: „Running Increases Cell

Proliferation and Neurogenesis in the Adult Mouse Dentate Gyrus", in: *Nature Neuroscience* 2, 1999, S. 266–270

13) Blech, Jörg: „Die Sprache des Gehirns", in: *SPIEGEL*, 31.3.2008, S. 132 f.

14) Wilhelm-Gößling, C.: „Wirkhypothesen Energetischer Psychotherapie", in: Bohne, M., Eschenröder, Chr. T., Wilhelm-Gößling, C.: *Energetische Psychotherapie – integrativ. Hintergründe, Praxis, Wirkhypothesen*, Tübingen: DGVT, 2006, S. 65 ff. (Zusammenfassung der Wirkhypothesen)

15) Eine gute Zusammenfassung vieler Studien (bis 2004) findet sich auf der Webseite des amerikanischen Psychotherapeuten und Pioniers der Energetischen Psychologie Fred P. Gallo: *www.energypsych.com*, Unterpunkt „Readings", sowie bei Gary Craig: *www.emofree.com*, Unterpunkt „Research"

Anlagen

Meine persönliche Hausapotheke

Meine Top 10 (Affirmationen)

Anlage 1

Vorher

	1 (problematisch)	2	3	4	5	6	7	8	9	10 (prima)
Selbstbild										
Selbstwert										
Weltbild										
Sicherheit										
Spiritualität										
Lebenssinn										
Gesundheit										
Körper/Schönheit										
Fitness										
Partnerschaft/Liebe										
Freundschaft/Gemeinschaft										
Kommunikation										
Familie										
Kinder										
Beruf										
Berufung										
Finanzen										
Erfolg										
Kreativität										

Nachher

	1 (problematisch)	2	3	4	5	6	7	8	9	10 (prima)
Selbstbild										
Selbstwert										
Weltbild										
Sicherheit										
Spiritualität										
Lebenssinn										
Gesundheit										
Körper/Schönheit										
Fitness										
Partnerschaft/Liebe										
Freundschaft/Gemeinschaft										
Kommunikation										
Familie										
Kinder										
Beruf										
Berufung										
Finanzen										
Erfolg										
Kreativität										

Anlage 2

Generelle Testsätze

Ich

- will
- möchte
- kann
- darf
- werde

Spezifische Testsätze/PUs

- Ich verdiene es, …
- Ich bin es wert, …
- Ich erlaube es mir, …
- Ich darf …
- Es ist gut für mich, …
- Es ist gut für andere, …
- Es ist sicher für mich, …
- Es ist sicher für andere, …
- Ich möchte frei sein von …
- Ich habe alles, was ich brauche, um …
- Ich tue alles Nötige, um/für …

Anlage 3

Globale Testsätze/PUs

Glück

- Ich will ein glückliches Leben leben.
- Ich kann ein glückliches Leben leben.
- Ich möchte ein glückliches Leben leben.
- Ich darf ein glückliches Leben leben.
- Ich werde ein glückliches Leben leben.

Fülle und Überfluss

- Ich will ein Leben in innerem und äußerem Überfluss und Fülle leben.
- Ich kann ein Leben in innerem und äußerem Überfluss und Fülle leben.
- Ich möchte ein Leben in innerem und äußerem Überfluss und Fülle leben.
- Ich darf ein Leben in innerem und äußerem Überfluss und Fülle leben.
- Ich werde ein Leben in innerem und äußerem Überfluss und Fülle leben.

Freude

- Ich will ein Leben in Freude leben.
- Ich kann ein Leben in Freude leben.
- Ich möchte ein Leben in Freude leben.
- Ich darf ein Leben in Freude leben.
- Ich werde ein Leben in Freude leben.

Gesundheit und Kraft/Energie

- Ich will ein Leben in Gesundheit und Kraft leben.
- Ich kann ein Leben in Gesundheit und Kraft leben.
- Ich möchte ein Leben in Gesundheit und Kraft leben.
- Ich darf ein Leben in Gesundheit und Kraft leben.
- Ich werde ein Leben in Gesundheit und Kraft leben.

Erfüllung

- Ich will ein vollkommen erfülltes Leben leben.
- Ich kann ein vollkommen erfülltes Leben leben.
- Ich möchte ein vollkommen erfülltes Leben leben.
- Ich darf ein vollkommen erfülltes Leben leben.
- Ich werde ein vollkommen erfülltes Leben leben.

Liebe

- Ich will ein Leben voller/in Liebe leben.
- Ich kann ein Leben voller/in Liebe leben.
- Ich möchte ein Leben voller/in Liebe leben.
- Ich darf ein Leben voller/in Liebe leben.
- Ich werde ein Leben voller/in Liebe leben.

Tiefe, Bedeutung, Sinn

- Ich will ein tiefes, bedeutungsvolles und sinnerfülltes Leben leben.
- Ich kann ein tiefes, bedeutungsvolles und sinnerfülltes Leben leben.
- Ich möchte ein tiefes, bedeutungsvolles und sinnerfülltes Leben leben.

- Ich darf ein tiefes, bedeutungsvolles und sinnerfülltes Leben leben.
- Ich werde ein tiefes, bedeutungsvolles und sinnerfülltes Leben leben.

Erfolg

- Ich will ein erfolgreiches Leben leben.
- Ich kann ein erfolgreiches Leben leben.
- Ich möchte ein erfolgreiches Leben leben.
- Ich darf ein erfolgreiches Leben leben.
- Ich werde ein erfolgreiches Leben leben.

Eigener Weg

- Ich will meinen Weg gehen.
- Ich kann meinen Weg gehen.
- Ich möchte meinen Weg gehen.
- Ich darf meinen Weg gehen.
- Ich werde meinen Weg gehen.

Anlage 4

Zusätzliche Testsätze/PUs

- Ich verdiene es, ... (z. B. glücklich zu sein)
- Ich bin es wert, ...
- Ich erlaube es mir, ...
- Ich darf ...
- Es ist gut für mich, ...
- Es ist gut für andere, ...
- Es ist sicher für mich, ...
- Es ist sicher für andere, ...
- Ich möchte frei sein von ...
  (Gegenteil des Zustandes, z. B. Glück - Leid; Fülle - Mangel)
- Ich habe alles, was ich brauche, um ...
- Ich tue alles Nötige, um/für ...

Anlage 5

EFT – Zusammenfassung

Schritt 1

Formulieren Sie Ihren Einwand.

Schritt 2

Stellen Sie fest, wie sehr Sie das Problem im Moment belastet oder wie wahr sich dieser Einwand im Moment für Sie anfühlt.

Schritt 3

Klopfen Sie den Handkantenpunkt (HK). Sagen Sie dabei einige Male:

„Auch wenn ich … (fügen Sie hier Ihren Einwand ein) *habe, liebe und akzeptiere ich mich voll und ganz."* Oder:

„Auch wenn ich … (diesen Einwand) *habe, bin ich völlig okay."* Oder:

„Auch wenn ich … (diesen Einwand) *habe, ist es völlig in Ordnung."*

Schritt 4

Klopfen Sie jetzt alle Punkte fünf bis acht Mal, während Sie bei jedem Punkt den Erinnerungssatz mit der Kurzform Ihres Einwands sagen.

Schritt 5

Führen Sie danach die Brücke durch.

Schritt 6

Klopfen Sie jetzt noch einmal alle Punkte.

Schritt 7

Überprüfen Sie jetzt, wie sehr Sie das Problem noch belastet oder wie wahr sich der Einwand jetzt noch anfühlt.

EFT – Klopfpunkte

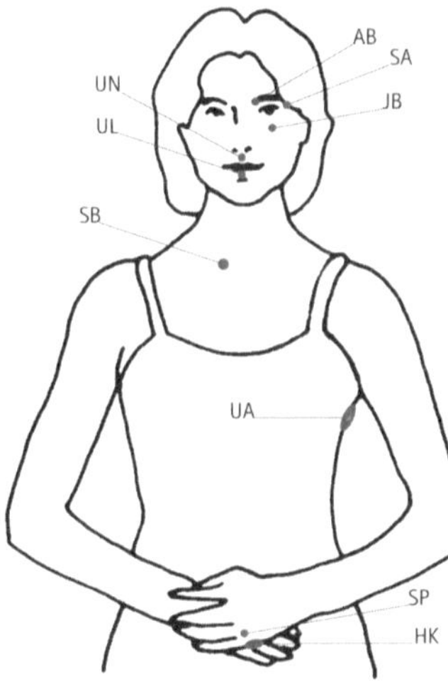

AB: Augenbrauenpunkt

Dieser Punkt liegt an der Innenseite der Augenbraue, zwischen dem vorderen Ende der Augenbraue und der Nasenwurzel. Klopfen Sie diesen Punkt am besten mit zwei Fingern, wobei Sie einen Finger an den Anfang der Augenbraue und den zweiten an die Nasenwurzel legen.

SA: Seitlich des Auges

Dieser Punkt liegt außen auf dem Knochen der Augenhöhle – unterhalb der Augenbraue – etwa in gleicher Höhe wie die Pupille. Am besten klopfen Sie diesen Punkt, indem Sie den oberen Finger auf das Ende der Augenbraue und den unteren Finger auf den Knochen der Augenhöhle legen.

JB: Jochbein

Dieser Punkt liegt etwas unterhalb des Knochens am unteren Rand der Augenhöhle, direkt in der Mitte. Am besten klopfen Sie nicht direkt auf den Jochbogen, sondern etwas weiter unten auf den weichen Teil der Wange.

UN: Unter der Nase

Dieser Punkt liegt zwischen Nase und Oberlippe. Hier können Sie am besten mit einem Finger klopfen.

UL: Unter der Unterlippe

Dieser Punkt liegt auf der Mittellinie zwischen Unterlippe und Kinn, direkt auf dem Kinngrübchen.

SB: Schlüsselbeinpunkt

Dieser Punkt liegt an der Verbindung zwischen Brust- und Schlüsselbein. Wenn Sie das Schlüsselbein in Richtung Brustmitte entlang fahren, kommen Sie zu einem dreieckigen Knochenvorsprung, von wo aus das Brustbein nach unten abgeht. Klopfen Sie diesen weichen Bereich unterhalb des Knochens sanft mit vier Fingern.

UA: Unter dem Arm

Dieser Punkt liegt auf der Höhe der Brustwarze in der direkten Verlängerung der Achselhöhle. Klopfen Sie auch diesen Bereich mit vier Fingern und mit leichten Auf- und Abwärtsbewegungen.

EFT – Die Brücke

- Klopfen des Handrückenpunktes (HK), dabei gleichzeitig:
- Augen schließen
- Augen öffnen
- Augen bei geradem Kopf gegen den Uhrzeigersinn kreisen
- Augen bei geradem Kopf im Uhrzeigersinn kreisen
- summen (üblicherweise die ersten Takte von „Happy Birthday“ – es kann aber auch etwas anders sein)
- zählen (von 1 bis 5)
- summen (wieder einige Takte aus „Happy Birthday“)

Anlage 6

The Work – Arbeitsblatt

1. Wer oder was ärgert Sie, was macht Sie traurig oder enttäuscht Sie?
2. Was ist es genau, was Ihnen daran nicht gefallen hat oder immer noch nicht gefällt?
3. Wie soll er/sie/es sich ändern? Was wollen Sie von ihm/ihr?
4. Was genau soll er/sie tun oder lassen, sein, denken oder fühlen?
5. Brauchen Sie etwas von ihm/ihr? Was soll er/sie Ihnen geben oder für Sie tun, damit Sie glücklich sind?
6. Was denken Sie über ihn/sie? Machen Sie eine Liste.

The Work – Überprüfung/Fragen

1. Ist das wirklich wahr?
2. Kann ich absolut sicher wissen, dass das wahr ist?
3. Wie reagiere ich auf diesen Gedanken? Wie fühle ich mich, wenn ich … denke?
4. Kann ich irgendeinen Grund sehen, diesen Gedanken loszulassen (und ich werde nicht gebeten, dies zu tun)?
5. Kann ich irgendeinen friedvollen Grund sehen, einen, der mir keinen Stress bereitet, an diesem Gedanken festzuhalten?
6. Wer wäre ich ohne diesen Gedanken (Wer wäre ich, wenn ich nie wieder … denken könnte?)
7. Drehen Sie die Aussage um.

Über die Autorin

Dr. phil. Susanne Marx ist EFT-Ausbilderin und EFT-Coach. Sie gründete und leitet das *Zentrum für Feng Shui und Energetische Therapien* in Bonn, das Ausbildungen in Feng-Shui sowie Kurse, Ausbildungen und Einzelsitzungen in EFT (Klopfakupressur) und anderen Techniken der energetisch orientierten Psychologie anbietet. Sie hält regelmäßig Vorträge und ist Sachbuchautorin.

Bei VAK sind bereits mehrere Bücher von ihr erschienen.

Jack Canfield, D. D. Watkins:

Jack Canfields Schlüssel zum Gesetz der Anziehung

So machen Sie Ihre Lebensträume wahr

Leseprobe unter: www.vakverlag.de

Wünsch dir was – und bleib am Ball! Dieses Motto unterscheidet Jack Canfields handlichen Alltagsbegleiter von anderen „Wunsch-Büchern". Amerikas Erfolgscoach Nummer 1 verspricht Ihnen nicht das Blaue vom Himmel, sondern er sagt Ihnen hier, wie Sie Schritt für Schritt Ihre Ziele und Träume verwirklichen können. Dieser tägliche Begleiter zeigt Ihnen ganz konkret,wie Sie sich von störenden Denkmustern lösen und das Leben führen, von dem Sie bislang nur träumen konnten.

160 Seiten, illustriert, Hardcover (13,8 x 21,5 cm)
ISBN 978-3-86731-026-0

Robert Maurer:

Kleine Schritte, die Ihr Leben verändern

KAIZEN für die persönliche Entwicklung

Leseprobe unter: www.vakverlag.de

Gute Vorsätze scheitern meistens daran, dass wir uns einfach zu viel auf einmal vorgenommen haben. KAIZEN – die Kunst, mit kleinen Schritten große Veränderungen einzuleiten – wird schon seit langem erfolgreich in der Wirtschaft praktiziert. Jetzt hat Robert Maurer dieses Erfolgsprinzip für den persönlichen Alltag anwendbar gemacht. So können Sie Ihr Leben Schritt für Schritt verändern, alte Gewohnheiten ablegen und neue Vorhaben verwirklichen. Eine praktische, inspirierende und unterhaltsame Lektüre mit vielen wertvollen Tipps und inspirierenden Beispielen – und ein Geschenkbuch, das für jeden passt.

ca. 192 Seiten, Hardcover mit Fadenheftung (11,5 x 19 cm)
ISBN 978-3-86731-055-0

Robert Masters:

Neurosprache

Erleben, wie Sprache direkt auf den Körper wirkt

Leseprobe unter: www.vakverlag.de

Die Neuro-Sprache richtet sich ohne Umwege über das Bewusstsein direkt an den Körper. Die subtile Technik wirkt einfach beim Lesen und provoziert Veränderungen in Muskeln und Körperorganen, in der emotionalen Befindlichkeit und der mentalen Struktur. Der Leser sitzt einfach bequem da und liest aufmerksam und langsam Zeile für Zeile des Buches. Die Methode funktioniert von allein, ohne bewusstes Zutun und verschafft u.a. Entspannung, mehr Beweglichkeit, eine bessere Körperwahrnehmung, mehr Lebendigkeit …

140 Seiten, Paperback (13 x 20,5 cm),
ISBN 978-3-86731-007-9

Abonnieren Sie unseren Newsletter (gratis): www.vakverlag.de

Dr. Susanne Marx:

Mein Taschencoach

Die 15 besten Selbsthilfemethoden von Atemberuhigung bis Quantenheilung

Leseprobe unter: www.vakverlag.de

Dieses kompakte Nachschlagewerk bietet Soforthilfe im praktischen Pocket-Format und einen Überblick über die Top 15 der besten Selbsthilfetechniken. So gelingt es Ihnen, aus dem oft verwirrenden Angebot an Selbsthilfetechniken genau die Methode auszuwählen, die für Sie am besten geeignet ist. In diesem kleinen Ratgeber werden zudem erstmals die bewährtesten Methoden aus westlichen und östlichen Traditionen aufgeführt, denen allen eines gemeinsam ist: Sie sind leicht anzuwenden, äußerst effektiv und sie helfen sofort.

VAK kompakt, 128 Seiten, Flexocover (10 x 15,5 cm)
ISBN 978-3-86731-052-9

Dr. Susanne Marx:

Klopfakupressur kompakt

Die besten Techniken auf einen Blick

Leseprobe unter: www.vakverlag.de

Erstaunlich wirksam und außergewöhnlich vielseitig – das sind die Techniken der Klopfakupressur. Der „Jackentaschen-Ratgeber" informiert klar, kompakt und kompetent über die effektivsten Klopftechniken – TFT, ESM, EFT, NAEM, M.E.T und TAT – und ist eine wertvolle Soforthilfe, die Sie immer und überall dabeihaben!
Leicht anwendbare und praxiserprobte Kurzanleitungen für häufige Beschwerden zeigen Ihnen, wie Sie sich rasch Erleichterung verschaffen können. So lösen sich Stress, Sorgen, gesundheitliche Beschwerden in kürzester Zeit auf!

Reihe VAK kompakt, 144 Seiten, 19 Abb., Flexocover (10 x 15,5 cm)
ISBN 978-3-86731-029-1

Dr. Frank Kinslow:

Quantenheilung

Wirkt sofort – und jeder kann es lernen

Leseprobe unter: www.vakverlag.de

Das *Neue Denken* hat in den letzten Jahren das Bewusstsein vieler Menschen für alternative Behandlungsmethoden geöffnet. Quantenheilung ist die neueste Entwicklung auf diesem Gebiet: Sie arbeitet mit sanfter Berührung und versetzt das vegetative Nervensystem spontan und sofort in den Zustand, in dem tiefe Heilprozesse stattfinden. Das Nervensystem schaltet unmittelbar auf Heilung um – und kann all das reorganisieren, was nicht optimal funktioniert. Sie können diese einfache Selbsthilfemethode sehr schnell und ohne jegliche Vorkenntnisse lernen und anwenden.

144 Seiten, 5 Abbildungen, Paperback (13 x 20,5 cm)
ISBN 978-3-86731-039-0

Bestellen Sie unsere kostenlosen Kataloge: www.vakverlag.de